図解でわかる！ 実践編

さる先生の「全部やろうはバカやろう」

Yoshiaki Sakamoto
坂本良晶

学陽書房

はじめに

　はじめまして。公立の小学校で教員をしている坂本良晶と申します。本を手にとっていただきありがとうございます。今、学校界は大きく揺れています。残業問題、部活問題、そして新学習指導要領の実施に伴う新たな業務……。現場の先生が悲鳴を上げている中、何か自分にできることはないだろうか。そう思い立ち、Twitter やブログで学校の働き方について発信をスタートさせました。2019 年にそれらの発信をまとめた一冊『さる先生の「全部やろうはバカやろう」』を出したところ、ありがたいことに多くの方に読んでいただき、教育書のベストセラーとなりました。

　そして今回、その「全バカ」の図解版として本書を書きました。その理由は、イラストや写真等があればもっとわかりやすかったという声を多くいただいたことや、活字が苦手な方にも読んでほしいという願いにあります。今回は QR コードによる動画解説や、ダウンロードできるワークシートのデータ等も用意しました。

　僕の描くビジョンは、「日本中の先生が定時退勤できる世界にすること」です。それを実現するためのミッションが「教育の生産性を上げ、子どもも教師もハッピーに」です。良い教育を行うためには、まずは先生が元気でないといけません。より少ない時間で、より良い成果を上げる。すなわち教育の生産性を上げるためのマインドセットの変え方と、具体的な方法について一冊にまとめました。働き方に悩む先生を、少しでも元気にすることができれば幸いです。

2020 年 2 月
坂本良晶

図解でわかる! さる先生の「全部やろうはバカやろう」実践編

もくじ

第1章 教育の生産性を上げる! マインドセット編

■ ミッション思考01
ミッション思考でエゴを捨て去る! ……………………… 10

■ ミッション思考02
ビジョンを持って視座を高める! ……………………… 12

■ エッセンシャル思考01
「エッセンシャル思考」で最少時間で最大成果を! ……… 14

■ エッセンシャル思考02
「エッセンシャル思考」で仕事しよう! 4つの観点 …… 16

■ エッセンシャル思考03
「全部やろうはバカやろう」 ……………………………… 18

第2章 最大成果を生み出せ! 仕事の選び方編

■ 最適解思考01
教育の生産性の計算式とは? ……………………………… 22

■ 最適解思考02
するべき仕事を4つに仕分けしよう! …………………… 24

■ 最適解思考 03
本質的な重要度の高い仕事はどれか？生産性マトリクス ······26

■ 最適解思考 04
生産性マトリクス　Ａゾーンに入る仕事を見極めよう ······28

■ 最適解思考 05
業務カイゼン　組織の生産性を上げる ······30

■ 思考改革 01
前年踏襲のワナから逃げろ！ゼロベース思考 ······32

■ 思考改革 02
仕事の最適解を導くためのプロトタイプ思考 ······34

■ 思考改革 03
成果を生まない仕事は消し去る！ ······36

■ 思考改革 04
歩むべきは、さるの道 ······38

第3章　自分の生産性を上げる！スキルアップ編

■ 整理整頓 01
生産性を上げるためにトヨタ式を学校に！ ······42

■ 整理整頓 02
学校に5Sを実装しよう ······44

■ 整理整頓 03
色別でスッキリ！おすすめ整理整頓術 ······46

■ テスト 01
テスト最強メソッド！45分で全てを終わらせる ······48

■ テスト02
採点と得点記録のスピードアップを図るワザ……50

■ 丸付け01
ポテトフライをためてはいけない！……52

■ 丸付け02
それぞれの子の力を発揮してもらう……54

■ 丸付け03
子どものやる気を失わせない……56

■ 丸付け04
花丸するのはもうヤメにしよう……58

■ 紙々との戦い01
掲示物とワークシート……60

■ 紙々との戦い02
紙々との戦いを制する者が学校を制する……62

■ 紙々との戦い03
全ての紙々をiPadに　オールインiPad法……64

■ パソコン力UP
校務パソコンをもっとカシコく！……66

第4章　時間を手懐けろ！タイムマネジメント編

■ 時間管理01
時間という名の有限な水を適切に配分する「生産性のヤカン」……70

■ 時間管理02
45分のデザイン〜短期的タイムマネジメント……72

■ 時間管理 03
1日のデザイン〜中期的タイムマネジメント ……… 74

■ 時間管理 04
1年のデザイン〜長期的タイムマネジメント ……… 76

■ 時間管理 05
1年という仕事〜サーキットを4月に改修しよう ……… 78

■ 時間管理 06
「アーリーショケナー」になろう ……… 80

■ 時間管理 07
5文で決めろ「所見フレームワーク」 ……… 82

■ 時間管理 08
ファーストチェス理論 ……… 84

■ 時間管理 09
最適解思考をインストールする ……… 86

■ 時間管理 10
非生産的な時間をなくす ……… 88

第5章 角をおさえろ！学級経営オセロ編

■ 学級経営 01
ルールを知る者だけが勝てる「学級経営オセロ」 ……… 92

■ 学級経営 02
パレートの法則 ……… 94

■ 授業 01
より短い時間でより良い授業デザインを「授業のフレームワーク化」 … 96

■ 授業 02
起立、礼はやめよう 「ロケットスタート授業」 ……… 98

■ 授業 03
子どもと教師の共通言語を増やす！ 100

■ 授業 04
思考ツールで生産性を上げる 102

■ コミュニケーション 01
ザイオンス効果　（単純接触効果） 104

■ コミュニケーション 02
なぜなぜ分析で、子どもに寄り添う 106

■ コミュニケーション 03
人を伸ばすピグマリオン効果、人を潰すゴーレム効果 108

■ コミュニケーション 04
家庭にプラスの連絡を　おにぎり一筆箋 110

■ 教室環境
子どもの心が落ち着く環境を作る 112

■ 20%の余裕 01
どうやって 20%の余裕を作りだすのか 114

■ 20%の余裕 02
ストレスを減衰させるリフレーミングを取り入れよう 116

第6章　仕事の意味が変わる！ 自分のミッション編

■ ミッション 01
仕事を楽しむというマインド 120

■ ミッション 02
教育とは自己実現欲求 122

■ ミッション 03
僕のミッション 124

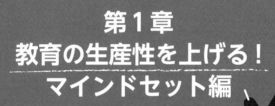

ミッション思考で エゴを捨て去る！

ミッション思考
01

　これまで、働き方に関するさまざまな発信をしてきましたが、最近、特に大切だと感じるのが「ミッション思考」という考え方です。仕事を自らのミッションを達成するための手段として捉えることで、教師としての人生をより豊かにしていこうという思考です。また、その思考を持つことで無駄な仕事を生み出さないようにするという側面もあります。

ミッション思考

　確かな目的思考を持ち、自分のミッションにドライブされる状態を「ミッション思考」と呼びます。全教員に共通する前提的ミッションは「子どもを成長させること」にあり、その上で自分のミッションを持つ働き方ができれば、人生をより豊かなものにできるはずです。

　自分の「得意」や「好き」から導き出した「これだけは絶対に譲らない」という自分の一点突破を持つことが大切です。

エゴ思考

　自己顕示や体裁主義といったエゴにドライブされる状態を「エゴ思考」と呼びます。これでは、自分が活躍したり体裁を整えたりすることが目的となり、「子どもの成長」が置き去りにされてしまいます。

　僕は過去にこのような心理状態で働いており、結果的に自分で自分の仕事を増やし、なおかつ子どもを伸ばすという成果を得られないという素っ頓狂なことをやっていました。当時は「子どものため」と思っていたことは冷静に今思い返すと、それは「自分のため」だったのです。

10

ミッション思考とエゴ思考

※このページの図解は、らぱんさんの図解を参考にしました。
(らぱんさん Twitter アカウント「らぱん@繊細すぎる中学校教員 (@lapinHSP)」)

ミッション思考 02　ビジョンを持って視座を高める！

　「自分のため」だけではなく、本当に社会のためになることを自分の使命として持つこと。そこから動いていくことがミッション・ドリブンです。ミッションのさらに上位に位置するのが「ビジョン」であり、多くの教師の場合、それは、「学校をより良くしていく」ことではないでしょうか。それぞれの教師がミッションの達成により、このビジョンが実現されることを願っています。

ミッション・ドリブン型企業

　僕はパタゴニアというアウトドアブランドが好きです。同社の「故郷である地球を救うためにビジネスを営む」というミッションに共感しているからです。ザ・ボディショップやスターバックスも同様です。商品を手段として世界をより良くするというビジョンの実現を目指しています。利益は目的ではなく、あくまでもそのための手段にすぎないのです。

ミッション・ドリブン型教師

　同じように、ミッションにドライブされた教員は日本にたくさん存在します。彼らはいつもとても良い表情をしています。もちろん、日々の暮らしの中でうまくいかないこともあるし、落ち込むこともあるでしょう。しかし、仕事がライフワーク化された状態で働くことができれば、逆境をも乗り越え、強く豊かに進むことができるのではないでしょうか。

　持続的・継続的に学校という世界に価値をもたらし続ける存在となれば、それはとてもハッピーな生き方になるはずです。

ミッション・ドリブン型企業とミッション・ドリブン型教師

ミッション・ドリブン型企業は
商品を手段として世界をより良くしていく

ミッション・ドリブン型教師は
実践を手段として学校をより良くしていく

林田仁志先生

葛原祥太先生

井上拓也先生

林田先生の情報はこちら！

葛原先生の情報はこちら！

井上先生の情報はこちら！

第1章 教育の生産性を上げる！ マインドセット編

エッセンシャル思考 01 「エッセンシャル思考」で最少時間で最大成果を！

　「学校をより良くしていく」ために僕たちは何ができるでしょうか。僕たち教師はつい「目の前の仕事をこなさなければ…」と日々の膨大なタスクに振り回されがちです。ちょっと心にブレイクを入れて発想の転換をしてみませんか。まずは深呼吸して、「どういう思考で仕事をしていけば良いか」ということについて、今一度考えてみましょう。

「エッセンシャル思考」で教育の生産性を上げる

　今の学校現場に必要なのは、最少の時間で成果の最大化を図ろうとする「エッセンシャル思考」ではないかと僕は考えます。「エッセンシャル思考」は、シリコンバレーのコンサルティング会社 THIS Inc. の CEO であるグレッグ・マキューン氏が提唱する「多くの選択肢を捨てて、少数の本質に注力することで、より高いレベルに到達しよう」という思考です。しかし、今の学校の惨状は、残念ながら非エッセンシャル思考の巣窟と言えます。

　「どれも大事だ」「みんなやってるから……」「どうすれば全部できる？」……と、ついついなりがちですが、それではジリ貧まっしぐらです。

「どれも大事だ」「全部やろう」

　これらは非エッセンシャル思考を象徴する言葉です。こうしたことを繰り返すうちに、大切なことを見失っていきます。頑張っている割に、成果が上がらず疲労感や焦燥感ばかりが募っていく。非エッセンシャル思考で仕事を進めていると、全てに手を出してしまった結果、全てができていないという最悪の状況を招きかねません。

14

本当に重要なことに集中する

 目の前の仕事を全てやってはいけない

 本当に重要なことに集中する

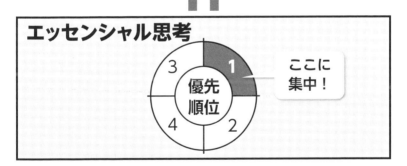

第1章 教育の生産性を上げる！ マインドセット編

「エッセンシャル思考」で仕事しよう! 4つの観点

エッセンシャル思考 02

ここではエッセンシャル思考を脳へとインストールするための4つのポイントについて簡単に触れてみたいと思います。

1 より少なく、しかしより良く

勤務時間と成果が比例するというのは幻想です。限られた時間で、より良い成果を生み出そうとするアプローチが必要です。

2 「選ぶこと」を選ぶ

全てをこなすことが美徳という考えは捨て去りましょう。選ぶことを選ぶという思考へスイッチすることで、全てやろうとしていた時よりも成果を上げることが可能なのです。仕事を選択し、力を集中するのです。

3 ノイズを除去する

学校現場では多くのノイズが飛び交っています。「あれが大事だ」「これが大事だ」。そういった全ての声に耳を傾け、受けて行動に移していては、やることは増えていく一方です。本当にすべき仕事かどうかをクリティカルに考えることが大切です。

4 トレードオフ

トレードオフとは、一方が立てば一方は立たずという状況を表すものです。自身の教員としてのキャリアにおいて、全てのパラメータを伸ばしていこうというスタンスはあまり良くありません。教員の世界を見渡しても、国語も算数も超一流といったプレイヤーは少数です。得意を一つに絞って、そこを最大化することが大切です。

エッセンシャル思考4つの観点でチェック

[1] より少ない時間で
より大きな成果を上げる
ことを意識しているか？

Check! ☐

[2] 「選択」を選択肢に
入れているか？

Check! ☐

[3] ノイズ除去フィルターを
着けているか？

Check! ☐

[4] 得意を一つに絞って
最大化しているか？

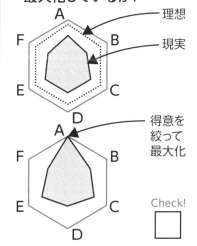

Check! ☐

エッセンシャル思考 03 「全部やろうは バカやろう」

　「全部やろうはバカやろう」。これは僕が勝手に考えた座右の銘です。手前味噌ではありますが、エッセンシャル思考の本質を完璧なまでに言い表していると感じます。

時間とエネルギーを集中投下する

　『エッセンシャル思考』の冒頭にはこのように書かれています。

　本当に重要なことだけをやると決めてから、仕事の質は目に見えて改善された。あらゆる方向に1ミリずつ進むのをやめて、これと決めた方向に全力疾走できるようになったからだ。(『エッセンシャル思考』グレッグ・マキューン著／高橋璃子訳)

　多忙という霧の中から真に成果が出る仕事を曇りなき目でつかみ出す。そして、それに時間とエネルギーを集中投下することにより、成果は生み出されるのです。やみくもにエネルギーを全方位へと分散投下していては、再度言いますがジリ貧まっしぐらなのです。

仕事を見極めるレンズが曇ったら、「教育の目的」に立ち返る

　「本当に重要なこと」は何かを見極めるためには、目先のことに一喜一憂するのではなく、大局観をもつことが求められます。教育の目的とはいったい何なのか？

　それは子どもを伸ばすこと。多忙にまみれ、仕事を見極めるレンズが曇った時には、今一度、どれがこの目的にたどり着く仕事なのかを見つめ直すべきです。

仕事の成果

非エッセンシャル思考

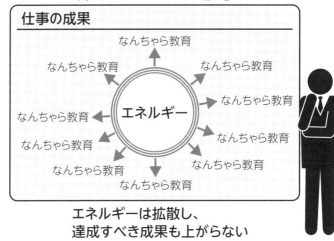

エネルギーは拡散し、
達成すべき成果も上がらない

エッセンシャル思考

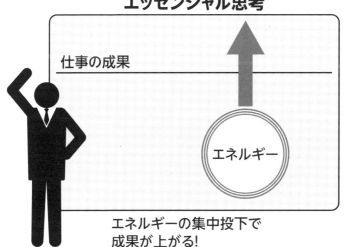

エネルギーの集中投下で
成果が上がる!

最適解思考 01 教育の生産性の計算式とは？

　「選択と集中」。この考え方は学校現場において重要なものです。時間は有限、仕事は無限です。無限に対して有限で挑もうというのは、無謀な戦いです。仕事に価値付けをし、真に価値ある仕事を選択し、集中して時間とエネルギーを投下する「選択と集中」のアプローチが必要です。

「価値ある仕事を選ぶ」ことを選ぶ

　野球のピッチャーは、マッチョな４番バッターともやしのような８番バッターに、同じ投球はしません。消費するエネルギーを調整しないと、早々にスタミナ切れを起こし、ゲームを作ることができないからです。

　学校現場でも同じことが言えます。４番バッターの仕事といえば、学力向上や学級経営ですが、このバッターには最大限のエネルギーを投下して、打ち取りにいくべきです。それに対して、体裁を整えるだけの形式的な書類作成等、子どもに１㎜も還らないような８番バッターの仕事はスローボールで打ち取るべきです。**「価値ある仕事を選ぶ」ことを選ぶところから仕事に取りかかりましょう。**

教育にも生産性が必要

　人間は、一定の疲労のデッドラインを超えると生産性が下がります。８時間働いて８の成果があるからといって、12時間働けば12の成果は得られないのです。**仕事が終わらないなら残業すればいいという悪い癖をなくさないと、教育の生産性は下がる一方です。**

　では教育の生産性を上げるには何が大切か。企業活動の生産性の公式を、教育の生産性に当てはめて考えると図のような公式ができます。

22

生産性の公式

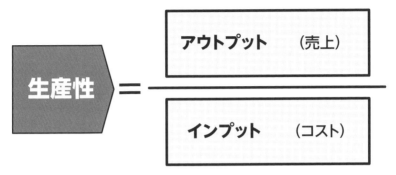

分母は小さく、
分子は大きくなるよう
ボールをコントロールすれば
生産性は上がる
（優れたピッチャー）

生産性 = アウトプット（売上） / インプット（コスト）

教育の生産性 = 子どもの成長（学力向上、生活力向上など） / 教師の働いた時間

第2章 最大成果を生み出せ！ 仕事の選び方編

最適解思考 02 するべき仕事を4つに仕分けしよう

　子どもと教師が Win-Win になる働き方を考えた場合、最適解は教育の生産性を上げることです。**限られた時間の中で価値ある仕事に全力投球するためには、仕事の仕分けをする必要があります。** 仕事には次の4階層があると考えています。

仕事の4階層

【マイナス仕事】

　やればやるほど、本質的には子どもへのマイナスをもたらす仕事。教師が正解主義に傾倒するあまり、子どもの主体性を殺す指導等がこれにあたります。数回の発表などで、見栄えを気にして、セリフを全部教師が考え、子どもたちに読ませるといった仕事が、これにあたります。

【ファッション仕事】

　やっても成果を生まない自己満足仕事。そこに費やされるエネルギーは子どものためでなく、自己満足や自己顕示のためなのかもしれません。手の込んだ掲示物や、行事での過度な演出などがその一例です。

【マスト仕事】

　やらなければならない仕事。しかし、一見すると重要度が高そうでも、本質的には重要ではないことも多いので注意が必要です。

【ベター仕事】

　やったほうが良い仕事。じつはこの仕事がいちばん多いのです。この中で＋＋にあたる教育の生産性が高い仕事を選択、集中することで成果を出していくというマインドが最も重要です。コスト意識は学校ではタブー視されがちですが、教師の仕事が肥大化した現代では必要不可欠なものです。

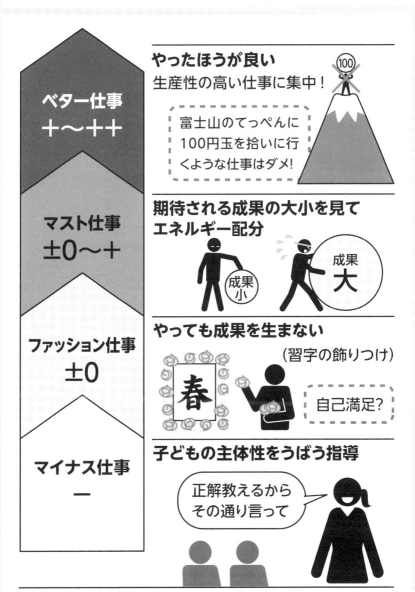

03 本質的な重要度の高い仕事はどれか？　生産性マトリクス

最適解思考

　具体的な仕事の価値付けの助けとなるのが生産性マトリクスです。縦軸を仕事のデキ、横軸を仕事の本質的重要度とした４象限のマトリクスです。

　仕事に取りかかる前に、常々脳内にこのマトリクスを描き、その仕事がどこに位置するかを見極めることが重要です。目の前の仕事をいかに早く処理するかより、どの仕事にエネルギーを注力するのかの正確な選択こそが生産性を上げるために重要なのです。

【D領域　完了思考ゾーン】時間対効果で考えよう

　この領域には、**本質的重要度が低い仕事が存在します**。成果が上がらない、もしくは一定の成果は予想されるが、多くの時間とエネルギーを要するため、選択からもれた生産性の低い仕事の居場所です。ここの仕事は、とりあえずこなせばオッケーという、質を問わない完了思考で処理しましょう。時間対効果というコスト意識をもつことが大切です。

【C領域　自己満足ゾーン】成果につながるか？

　この領域には、**時間だけは食うが、子どもたちの正の変化を引き出すことのない時間くい虫の仕事が存在します**。つまり、自己満足ゾーンです。「子どものために！」と思っていても、じつは子どもの成長のためではなく、自分の自己満足や周囲へのアピールが目的にすり替わっているのかもしれません。それは、ファッション仕事です。運動会や学習発表会での見栄え重視という価値観から、この仕事は生み出されがちです。こういう仕事は、D領域に叩き落として完了思考でこなすか、そもそもやらないという選択肢を行使すべきです。

生産性マトリクスを頭に描こう

生産性マトリクス

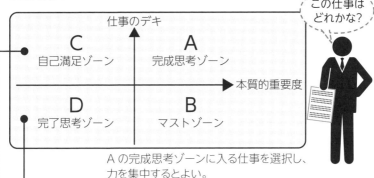

A の完成思考ゾーンに入る仕事を選択し、力を集中するとよい。

▶ D領域 完了思考ゾーン

例）ノートチェック
残業してコメントをびっしり書くのがベター。
でも労力に見合う成果は?

▶ C領域 自己満足ゾーン

例）運動会や発表会での見栄え重視

ダンス、全員そろうまで特訓だ

「子どものため」と言いつつそれはいつしか「自分のため」にすりかわっていない?

生産性マトリクスの参考動画はこちら!

第2章 最大成果を生み出せ! 仕事の選び方編

| 最適解思考 04 | # 生産性マトリクス Aゾーンに入る仕事を見極めよう |

　たくさんある仕事を生産性マトリクスのどの領域に入るか、見極めていきましょう。とくに、A領域とB領域のどちらに位置づけるかを考えることは極めて重要です。

【B領域　マストゾーン】本質的に重要な仕事か？

　やることが義務付けられている**マスト仕事がここに配当されます**。この領域の仕事は、2つの視点で分けます。「一定の子どもの正の変化を引き出すマスト仕事」(例えば通知表の所見)と「子どもの正の変化を引き出さないマスト仕事」(例えば要録所見)です。

　要録所見は、手段が目的化した仕事の典型。見事さっぱり誰も見ません。公文書なので非常に重要ですが、本質的な重要度は限りなく低いという強烈なネジレが発生している仕事です。

【A領域　完成思考ゾーン】ここにこそ力を注ぐ！

　本質的重要度の高い仕事が存在する領域です。そして、当然ながらデキも高くあるべき仕事だけが存在を許される神聖なるエリアです。

　この領域には、くだらない仕事を立ち入らせてはいけません。それはよい仕事をするために必要な条件です。ここの仕事は質を伴う**完成思考**で、マトリクス右上へ位置させなければなりません。

　ここに入るのは間違いなく、学力向上と学級経営です。これらは互いに好影響を及ぼし合い、相乗効果を生みます。

　もう一つは横の仕事＝投下した時間・エネルギーが横展開していき、加速度的な成果が生まれる仕事です。

生産性マトリクスを頭に描こう②

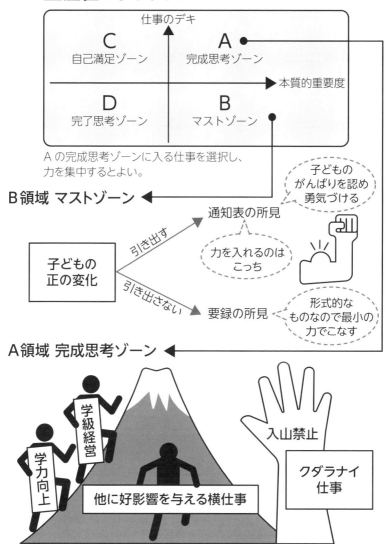

最適解思考 05 業務カイゼン 組織の生産性を上げる

　横仕事の代表格は「業務カイゼン」です。行事等におけるムダを洗い出し、より合理的な形へとカイゼンして教師の負担を軽減し、時間を生み出すことは非常に重要な仕事です。忙しいゆえに、前年踏襲を繰り返す風潮が多いですが、ここは、時間をかける価値のある仕事です。

　しかし、ムダな業務がなかなか効率化されないのもまた事実です。「タイヘンだから」という感情論で議論しても、うまくいきません。「何がタイヘンなのか」を細かく砕いて、タイヘンの本質を見抜けばカイゼンへの具体的アプローチが見えてくることがあります。

ムダな仕事は根元からぶった斬る

　僕が実際に取り組んだマラソン大会の業務カイゼンを紹介します。

１．次年度からの試走を廃止

　理由は、投下するエネルギーの割に成果が小さかったからです。また、Google map の活用で、「コースを知る」という試走の目的の一つが達成できたのも、大きな理由です。

２．手書き記録証から印刷へ

　以前は、スーパーストップウォッチから印刷したものを手書きで記録紙に写し替え、さらに手書きで記録証に名前とタイムを書きこむというアナログ方式でした。これを Excel に入力し、手差し印刷を利用することで各担任の手書き作業がゼロになり、チームの生産性を高めることができました。

タイヘンの本質を見抜くためのカイゼンツリー

「タイヘン」な仕事は、細かく砕いて、業務のムダを見つけよう

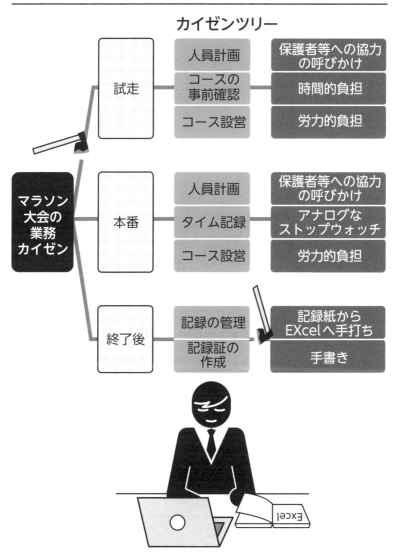

思考改革 01 前年踏襲のワナから逃げろ！ゼロベース思考

　多忙な日々を送っていると、どうしても「目の前の仕事をどうやってこなせば良いか」という考えに陥りがちです。しかし、「もっと他の方法はないのか」「そもそもその仕事をする意味はあるのか？」という疑いを持つことが大切です。これがゼロベース思考と呼ばれるものです。

前年踏襲という思考停止のワナ

　学校現場では何かと前年踏襲で物事が進みがちです。既に最適化、合理化されているものなら継続すべきですが、そうではないものが多いのが現状です。**負荷の大きい仕事をしている際「もっと、こう、あるだろう？」と疑問を持った時はカイゼンのチャンスです**。行事の簡略化、紙の資料のデジタル化、会議のための会議等、カイゼンポイントは学校現場に無数に転がっています。ゼロベース思考でより合理的なものへと作り変えていきましょう。

タイタニック仕事

　「タイタニックの椅子を並べるな」という格言があります。これは、沈むことがわかっているタイタニックの椅子を並べても結局そこに意味は生まれないということを表しています。学校の仕事という航海における最終目的地は「子どもの成長」です。そこへ辿りつくことのない「タイタニック仕事」に時間と労力を費やしていてはいけません。そこに費やされた時間は、海の藻屑となってしまうかもしれないからです。そのような仕事は「そもそもやらない」という選択肢を持つことも必要です。

ゼロベース思考

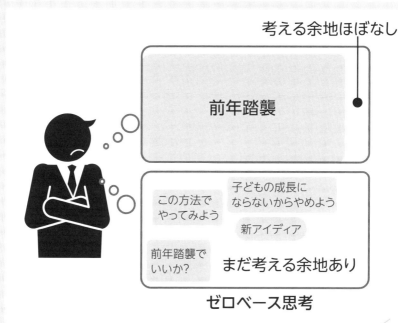

第2章 最大成果を生み出せ！ 仕事の選び方編

思考改革 02 仕事の最適解を導く ためのプロトタイプ思考

　仕事って、完璧なものを自分で作ってから人に見せるほうが良いと考えがちです。しかし、それは本当に正しいのでしょうか。そこには落とし穴があります。不完全でも、まずは大枠を作って提示することが大切です。それがプロトタイプ思考の考え方です。

1つめの落とし穴　そもそもの方向性が間違っていた場合…

　月曜日から新しい仕事に取りかかったとします。そして金曜日、出来上がったものを見せたところ、「これは求めていたものと違う」と言われてしまいました。このように、そもそもの方向性が間違っていた場合、それまでに費やした時間が水の泡となってしまいます。

　まずは小さく始めて確認してもらう。その上で細部を詰めていくことで、そういった無駄を未然に防ぐことができます。

2つめの落とし穴　自分一人で仕事を抱え込むと…

　自分一人でどんどん仕事へと攻め込んでいき、クリアするより、チームで攻略したほうが仕事はより早く、より良いものになることは多いです。RPG ゲームではそれぞれの得意を生かして敵を攻略していきます。全てに優れた勇者のような人なら別ですが、学年や学校というチームの中でそれぞれの得意を生かして仕事というダンジョンを攻略することが大切です。

　そのためには仕事ダンジョンの序盤でみんなを巻き込んでいく必要があります。一人で抱え込まず、チームで弱みを補い合い、強みを生かし合うマインドを持ちましょう。

プロトタイプ思考が良いわけ

① 途中で方向性を確かめられる

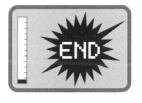

② 一人よりチームでゲームを攻略したほうが結果が良い

思考改革 03 成果を生まない仕事は消し去る！

　次のうち、より仕事ができる人はどちらでしょうか。

A　たくさんの仕事を抱えて、片っぱしから根性でこなしていく人。

B　たくさんの仕事の中で、成果を生まない仕事を消し去る人。

　僕は後者だと思います。

　仕事は、こなすことが目的ではなく、成果を生むことが目的です。もし成果を生まない仕事があるのならば、消し去ることが最も合理的な選択肢と言えます。

見事に消し去った例1　諸費の現金徴収

　僕の以前の勤務校の事務職員のSさんは、長年続いてきた諸費の現金徴収というシステムを消し去り、口座振替にしてくれました。グッジョブ！Sさん。考えてみましょう。毎月担任が千円やら2千円やらを一人ひとりから集め、それをペラペラ1枚ずつ数えるというこの仕事。子どもには何ももたらしません。こういう仕事こそ積極的に消し去るべきなのです。

子どもに任せるべき仕事の例2　教室後方の作品掲示

　以前、テレビ番組の教員の働き方改革特集で、学校サポーターの取り組みが紹介されていました。サポーターさんに、教室後方の壁面に掲示する習字を1枚1枚水のりで張り付ける仕事をお願いしていました。

　しかしこの仕事は、人に頼んで時間を使ってする必要があるものなのでしょうか。習字ホルダーを備品で購入し、廊下など、**子どもの届く位置にセットしておけば、子どもたちが自分で入れることができます。そうすれば、人・時間というリソースがゼロで済むはずです。**

備品一つで仕事の生産性が上がる

生産性は金で買える

「まだ使えるからいいか」ではなく、思い切って買い替えることで時間という資源を浪費せずに済むようになります。備品発注の仕方次第で、業務カイゼンができます。ここでは、体育主任の時に実際に購入して成果を感じた具体例を紹介します。皆さんの校務分掌に応じて生産性を上げる備品の導入を検討してみてはいかがでしょうか。

● グラウンドブラシライナー

トンボに1m間隔で5つブラシが付いているので、徒競争のコースの下書きが1回でできます。これを転用して、体力テストのソフトボール投げのコートを作る作業も、数倍速く終えることができました。

● ラインカー

ガタがきたラインカーでは、パウダーの出が悪かったり、タイヤの回転がスムーズじゃなかったりと、ラインを引く際に、ムダな作業が生じていました。新品に替えると、タイヤが大型化して安定性が増していて、感動的なぐらいラインが引きやすくなりました。

必要に応じて、外注という選択肢を視野に入れよう

第2章　最大成果を生み出せ！　仕事の選び方編

思考改革 04 歩むべきは、さるの道

生産性を上げて５時に帰るための「さるの道」

　Yahoo！の安宅和人氏の著書、『イシューからはじめよ』では、一心不乱に仕事をこなして仕事の質を上げようとすることを「犬の道」と揶揄しています（由来はおそらく「犬も歩けば棒に当たる」）。

　全ての仕事の質を上げて、生産性マトリクスの上部に位置させようと思うと、膨大な時間を要します。時間と体力の有限性を考えると、その達成は不可能です。

　だからこそ、図のような矢印上仕事を配置するイメージを持ち、適切に時間とエネルギーを投下していき、成果を上げていくべきなのです。これこそが、生産性を上げて５時に帰るための「さるの道」。

　「歩んではいけない犬の道」に対して、「歩むべきは、さるの道」。犬と猿は犬猿の仲。働き方においては、猿に軍配が上がるのです。

　この本でいちばん大事なことを、ここで書きます。

　本質的重要度の高い仕事を選ぶことを選び、そこへ時間・エネルギーを集中投下し、最小エネルギーでの最大効果を発揮する最適解を導き出すこと。

　この思考を持つことにより、量に依存する働き方からの脱却ができるのです。

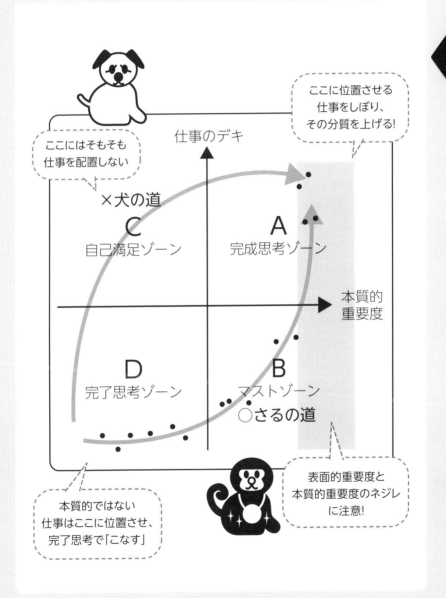

整理整頓 01	生産性を上げるために トヨタ式を学校に！

　働き方は、外的影響に大きく左右されるものの、自らの生産性を上げることでクリアできる問題も多々あります。ここからは、そのための具体的方法について考えたいと思います。ここでは、その方法を知って実行するという表面的な読み方でなく、本質を読み取り、他のさまざまな仕事へと転用することで効率化を図ってほしいと思います。

なぜ、整理整頓が重要か

　一番手っ取り早く自分の生産性を上げるためにできることは、整理整頓です。片づければ片づけるほど、生産性は上がります。学校の整理整頓は、正直かなりテキトーなところがあります。言い換えれば「カイゼン」の余地が無限にあるということです。ここは企業の手法に倣うべきところです。

　僕は昔、片づけが大の苦手で、職員室のデスクも教室もグッシャグシャでした。「あれがない」「これがない」と探し物ばかり。でも、モノを探している時間は何も生みません。片づけは雑務ではなく仕事そのものであり、**整理整頓は本質的重要度の高い仕事**の一つです。

効率化とは主作業の比率を最大化すること

　トヨタでは、人の動きを4つに分けてムダを見つけます。その4つとは、「主作業」「付随作業」「準備・後始末作業」「ムダ・例外作業」です。

　結論を先に言うと、効率化を図るということは、主作業の比率を最大化するということです。そのために整理整頓が不可欠なのです。

人の動きを4つに分けてムダを見つける

例）テスト採点

- 主作業：正誤の判断、丸バツをつける、点数を補助簿等に記録する（直接的な価値を生む）
- 付随作業：机の上でテスト用紙を裏返す、移動させるなど（価値は生まないが必要）
- 準備・後始末作業：教卓を整える、テストの解答や補助簿を用意する（価値は生まないが必要）
- ムダ・例外作業：モノを探す時間

主作業の比率を高めるには

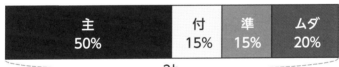

↓ ムダをなくすこと

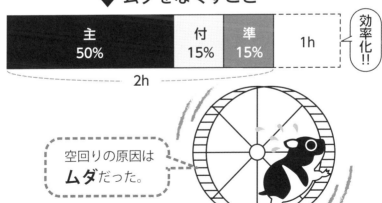

空回りの原因は**ムダ**だった。

整理整頓
02

学校に5Sを実装しよう

整理・整頓とはなにか

　整理とは、「いるもの」と「いらないもの」を分け、「いらないもの」を捨てることです。その基準をすごく厳しくすることがポイントです。経験上「いるかも」は9割「いらない」。「いつか使うかも」とも決別すべきです。整頓とは、「必要なもの」を「必要なとき」に「必要なだけ」取り出せるようにすること。過剰にモノがあると「探すムダ」が生じます。

トヨタの5S（整理、整頓、清掃、清潔、仕組み）を学校に

　トヨタでは5Sという言葉が使われます。5Sとは、整理、整頓、清掃、清潔、仕組みの頭文字をとったものです。これは学校でも実装すべき価値のあるものです。

　チームとしての生産性を上げる学校の5Sをぜひ実行してください。僕はある年の冬休み明け、短縮期間中のゆとり時間を使い、同僚2人とプリント棚の整理、整頓をしました。

　棚に雑然と置いてあった8割のモノ（ゴミ）を捨てました。いらないものを捨て（整理）、紙、ラミネートを種類ごとに並べ（整頓）、紙の保管、発注のルールを決めました（仕組み）。

　このカイゼンにより、今までの「探す」「どける」「別室に補充しに行く」といったムダな作業が一掃されました。併せてゴミ箱のレイアウトを変更して、動線を減らす工夫もしました。

　3人で1時間のエネルギー投下をした結果、チーム全体の生産性が上がった例です。

チーム全体の生産性を上げるトヨタ式の5S

整理、整頓、清掃、清潔、仕組み

「いつかやる」＝ゼッタイやらない

プリント棚の整理整頓

○○用	
○○用	
紙	
ラミネート	

整理
（8割を処分）

整頓
（紙、ラミネートに分ける）

仕組み
（保管・発注のルール決め）

レイアウト変更で動線減らす

3人で計3時間を投下し、チーム全体の仕事をカイゼン

学校の5Sがわかる本
『職員室のモノ、1t捨てたら残業へりました！』
（丸山 瞬 著）

第3章 自分の生産性を上げる！ スキルアップ編

学校の5Sについては、Twitterで「ななつめのやつはし@丸山瞬（@nanatumeno8284）」さんが発信中！

整理整頓 03 色別でスッキリ！おすすめ整理整頓術

意識高い系主婦に学ぶ色別収納法

　教卓の中は、どうしても雑多な文具等で散らかりがちです。そこで、色別収納法というものをツイッターで発信したところ、多くの反響を受け、真似する先生が続出したお手軽メソッドです。

　やり方はとってもシンプル。文具を**赤系・青系・黒系**に分けて収納するだけです。こうすることにより、使ったものを直感的に机の中へと戻すことができます。

　また、同じ機能のものを複数個持たないというルールも大切にしたいです。モノが多ければ多いほど、「探す」というコストがかかるためです。ちなみに、色別収納メソッドの先行実践は、意識高い系の主婦の方たちです。アンテナをあちこちに張り、使えると思う情報をさっと拾い上げて、編集する軽やかなマインドを持つことは大切です。

パソコンデスクトップも整理

　現実世界の机と同じく、基本的にパソコンのデスクトップ上のアイコンやフォルダーは最小限に留めるべきです。

　おすすめの方法はこうです。デスクトップの左端によく使うファイルを、右端にはよく使うサーバーのフォルダーへのショートカットを置く。

　これだけでファイルを探す時間と、サーバーの深い階層へのアクセス時間を削減することができます。

　主作業はお目当てのファイルを開くこと。付随作業はお目当てのファイルを探すこと。探すという作業は状態的に時間をロスすることになります。

モノは最小限にして、単純な方法で整理する

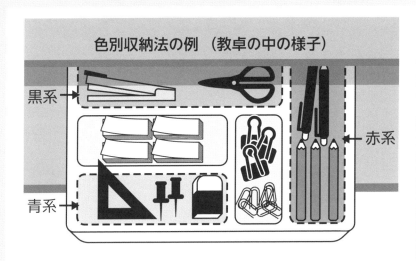

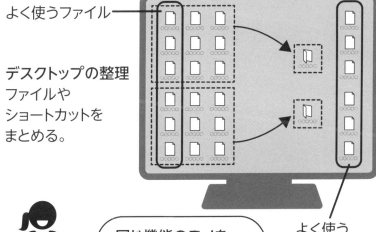

第3章 自分の生産性を上げる！ スキルアップ編

色別収納法の
参考動画はこちら！

テスト 01 テスト最強メソッド！45分で全てを終わらせる

　学期末になると増えるテスト。放課後には成績処理もしたいので、職員室にテストの束を持ち帰りたくないというのが本音です。そこで、「45分の授業内で全てを完結させることはできないか？」という仮説を基に試行錯誤し、可能であるということが実証できました。

準備は机上レイアウトから

　机をテスト隊形にし、準備が整ったらテストのスタート！　この際、教師がやっておくべきことは作業しやすい教卓のレイアウトです。戦略的に机上をシステム化しておかないと、付随作業が発生し、効率低下を招くからです。

作業はルーティン化することで高速化する

　自分なりのルールを作り、毎回、ルール通りに作業をします。子どもたちにもルールを伝えます。

　テストができて見直した子から提出しますが、その際、表を向けて教卓の右端に合わせておくこと、見直しのサインとして問題番号には鉛筆で黒丸をつけることがルールです。見直しルールは得点率を上げる上で、意外と効果大です。一人目の子が提出したらいざ採点スタート！　そして、最後の一人の採点が終わったら返却です。どうしても解説が必要なときは、少しだけ時間をとります。記憶が新しいので解説の効果も高くなります。満点で直しがない子には、全て自分で直しができない子のフォローに回ってもらい、最後にその子たちに「本当にありがとう！　助かりました！」と最大限の感謝を伝え、時間内にテストを完結させます。

48

「テスト→採点→返却→直し」の1サイクルを授業中に収めるには

作業高速化ルール① 作業はしやすいよう教卓を整える

作業高速化ルール② 提出は教卓の右隅に

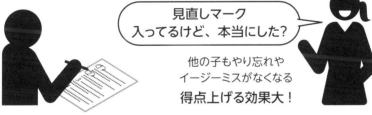

作業高速化ルール③ 見直しサイン（鉛筆で黒丸）

他の子もやり忘れや
イージーミスがなくなる
得点上げる効果大！

作業高速化ルール④ 返却後の直しは子ども同士で

テスト02 採点と得点記録のスピードアップを図るワザ

　45分の中でテストの1サイクルをこなすためには、採点と得点記録をいかに速くするかが勝負です。僕が考えた方法は次のようなものです。

丸付け界王拳

　丸付けと言っても、1問ごとには、丸は基本的に付けません。正解は「・」、間違った箇所は「✓」。そして100点だったら大きく赤丸を付けます。

　これには教師にとっての「時短」、子どもにとっての「見やすい」という双方のメリットがあります。これがツイッターでの動画がテレビで紹介されるなど、話題を呼んだ、丸付け界王拳です。漢字50問テスト等、問題数が多いときに特に有効です。

　そして採点が終わり、全問正解だったらテストに大きくグルっと丸を書いたり、大問ごとに丸を書いたりするなど、状況に応じて丸を付けることも大切です。

得点速記法

　次に、観点ごとに得点を記録していきます。その際、満点の子は「−」と記録します。また、40点の場合は「4」、35点の場合は「3−」と記録。このように、0と5を書く回数を減らすと、転記の時間も短縮されます。チリも積もれば何とやらです。細かなカイゼンの積み重ねは徐々にジャブのように効いてきます。

　なお、その場で点数をパソコンに入力できる環境にある方は、そのほうが速いと思いますので、そちらをお勧めします。

丸付け・得点記録は極限まで時短

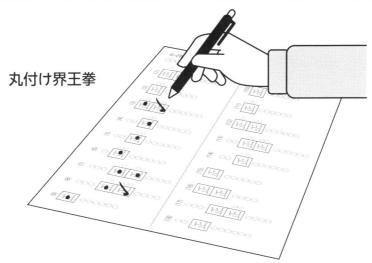

丸付け界王拳

正解「・」、間違い「✓」、100点なら大きく赤丸。

得点速記法

0と5を省いて転記スピードアップ

氏名	足し算	実際の得点
さかもと	⑤	5
さとう	−	50
すずき	48	48
たなか	4−	45
やまだ	4	40
やまもと	3−	35

①満点の場合は　−　（50点満点）
②0は省略
③5は省略して　−
④1桁得点の場合は○で囲む

0と5を省略しただけで速くなった！

第3章　自分の生産性を上げる！　スキルアップ編

丸付け界王拳の参考動画はこちら！

得点速記法の参考動画はこちら！

丸付け 01 ポテトフライを ためてはいけない！

　地域差があるかもしれませんが、僕の勤務地ではワーク等で間違った箇所に付箋を貼る方法がスタンダードです。そしてその付箋の箇所を見て、子どもは直しをします。

付箋がたまると付随作業が増える

　付箋がたくさんたまり、ワークの上から飛び出している状態のものを、僕は「ポテトフライ」と表現しています。こうなると丸付けの付随作業が爆発的に膨れ上がってしまいます。ワークのページをめくる、答えのページをめくる、付箋をはがす。もう一つの大きな付随作業が「目線移動」です。間違いが複数ページにまたがると、目線があちこちへ向かわざるを得ず、主作業が止まる時間が長くなります。

　そこで、付箋をためないためのポイントをいくつか紹介します。

〈苦手な子の宿題から丸付けを〉

　朝いちに丸付けをすることは多いと思います。ここでのポイントは勉強が苦手な子の宿題から丸を付けること。そうすることにより、個別で直す時間がとれます。また教師がマンツーマンで教えたり、友だちのフォローを得たりしながら、課題をクリアできる可能性が大いに高まります。

〈複数ページにまたがった課題を出さない〉

　ページをめくるという付随作業で、採点スピードが落ちます。また、単純に課題の量が多いと時間不足になり得ます。すると付箋がたまる状況へと陥りやすくなります。

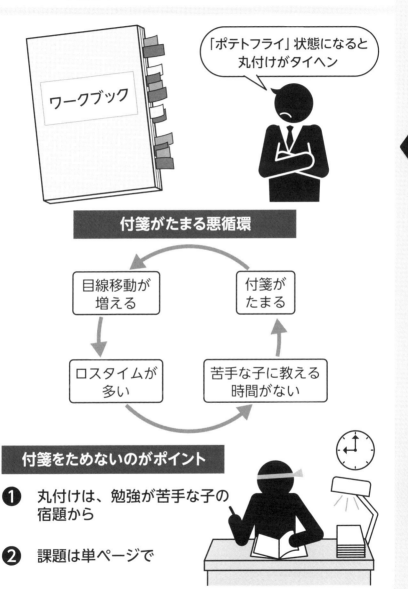

丸付け 02 それぞれの子の力を発揮してもらう

　付箋をためないためのポイントを、引き続き紹介します。

〈教科書の課題（適応題）を定量制から時間制に〉

　算数の一斉授業に教科書の適応題をさせるパターンが多いと思います「大問２の①〜⑩をやりましょう」といった具合です。これが全員同じ量の課題をこなす定量制。

　しかし、子どもが問題を解くスピードに開きがあるのは当然のこと。そこで、有効な手段が「５分で大問２の①〜⑩をやりましょう」という時間制です。５分たって終わらなかった子はそこまででオッケー。答えを赤で写させます。

　適応題を全てやらないといけないというルールは存在しません。少なくとも、教科書会社は教科書をデザインする際、適応題をすべて解くことをマストとはしていません。最適解思考を持ち、「全部やらせたほうが学力は上がるかもしれない。けれど、ここは割りきってワークを終わらせることによってモチベーションを失わせないようにしよう」と考える局面ではないでしょうか。なお、教室中を机間指導して、子どもたちの習熟状況を確認することは重要です。

〈丸付けを自分たちでやらせる〉

　課題の答えを教室前方に台に置いておき、子どもたちに自分で丸付けをさせます。そして、直しまで終わったら、そのまま提出させ、教師も念のために後でさらっと目を通します。

　この間、教師は教室中を歩きまわり、苦手な子に教えてあげている姿を認めたり、わからなくて孤立している子をいち早く見つけて、他の子にこそっとフォローをお願いしたりと、クラス全体の学びが滞りなく進むように見守ったり、適宜指示を出したりすることが大切です。

54

それぞれの子の力を発揮してもらうには

❶ 適応題を**定量制**から**時間制**に

最適解思考で、全部やらせることより、
モチベーションを失わせないことを重視

❷ セルフ丸付け

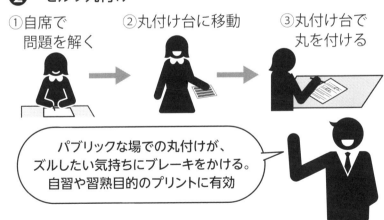

子どものやる気を失わせない

丸付け 03

　付箋をためないためのポイント、最後の一つはこれです。

〈**チャイム5分前に問題を解くことを終了する**〉

　習熟の授業において、授業終了のチャイムを終了のホイッスルにしてはいけません。そうでないと、終わっていない中途半端なプリントが多発し、あとは、家とか休み時間にやろう、となります。できる子は良いですが、できない子からすればこれは非常に苦しくなります。

　そして子どもたちにとって、最も大切な時間である休み時間が奪われます。

　途中であっても、チャイム5分前に丸付けをし、終わり切らなかった箇所は赤でスラッシュを入れてあげます。それ以外のところは直しまでやらせます。そうすれば、未消化の問題が残ることを大幅に減らすことができます。

子どものやる気にブレーキをかけるな

　人は、モチベーションで動く生き物です。付箋だらけになったワークを見て、モチベーションを失うのは当然のことです。さらにそのことを責め立てられたら、モチベーションはさらに下がっていき、負のスパイラルへと突入します。

　そうならないためにも、先述のように仕組みを変えることは大切であると感じます。課題をためる子を責めるのでなく、仕組みを責めるべきです。ティーチャーであると同時に、子どもたちのやる気を引き出すモチベーターでもありたいものですね。

子どものやる気を失わせない方法

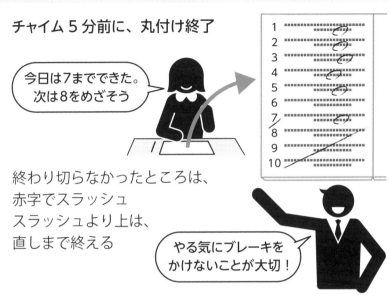

チャイム5分前に、丸付け終了

今日は7までできた。次は8をめざそう

終わり切らなかったところは、赤字でスラッシュ
スラッシュより上は、直しまで終える

やる気にブレーキをかけないことが大切！

こんなに残ってる。やりたくない

負のスパイラルに追い込んではダメ

丸付け 04

花丸するのは もうヤメにしよう

疑いはイノベーションの父

　理科や生活科の授業で、外へ出て観察する活動の際、おすすめするのは、赤ペンを持って外へ出ることです。そして、チャイムが鳴る10分前ぐらいを締め切りとします。こうすることで、授業時間内で全員のワークシートをチェックして評価できるメリットがあります。上手に書けている子どものワークシートの情報を他の子にタイムリーにシェアすることや、誤字や表現の間違いも、その場で指摘し直させることができます。

　授業中に全てを終わらせようとすることで、放課後にチェックするよりも、圧倒的に生産性が上がるのです。

花丸するのはもうヤメにしよう

　日本の教育に根付く文化、花丸。僕は基本的にこの花丸をヤメました。なぜなら、一つひとつに時間がかかるからです。

　その代わり、ふつうの丸の横に評価を付けるようにしています。

　漢字の宿題を例に挙げると、個人内評価でとてもきれいだったらA、ふつうならB、ダメならCといったように、評価を明確にすることができます。それを子どものモチベーションへと繋げることができます。

　花丸は、時間がかかる割に評価が曖昧という欠点があります。最上級の評価をするために、葉っぱ、茎を描いて、蝶々を飛ばすようなものを見ます。子どもはとても喜ぶでしょう。しかし、フィードバックを早くすることも大切です。何が正しいという絶対解はないと思いますが、時間がかかり過ぎるのは、持続可能性に欠けると感じます。

　過去を踏襲することが最適解であるという考えとは、決別しましょう。

58

花丸でなく評価を付ける

例）漢字の宿題

花丸は？

・採点に時間を要する

・子どもは何がよかったのか、何が悪かったのかわからない

> 評価を明確にする

（例）とてもきれい→A、
ふつう→B、
ダメ→C
（A+、A、B+、B、Cの5段階もアリ）

子どものモチベーションにつながる

「次は、もっときれいに書こう」

紙々との戦い 01

掲示物とワークシート

掲示のオートメーション化

　意外と時間を食うのが、紙ベースの作品掲示ではないでしょうか。そもそも本質的ではない仕事に懸命に取り組んでも、成果は上がりません。そこで、掲示のオートメーション化を提案します。

　習字の掲示なら、習字ホルダーを廊下等の壁面に常設します。こうすれば、翌朝、子どもたちが自分で作品を習字ホルダーに入れておくという仕組みを構築することができます。

　また、国語等の発表を1枚1枚画鋲で壁面に掲示している教室をよく見かけますが、これはきわめて非効率です。そもそも、**画鋲は無駄だらけ**です。1枚の掲示に4箇所刺さないといけないし、その前の作品の画鋲を抜く必要もあります。付随作業のオンパレードです。さらに落ちた画鋲を子どもが踏んだりしたら大変です。

　それよりも、A5の掲示用クリアファイル面に常設するほうが圧倒的に効率的です。名簿番号を書いておけば、子どもたちが自分でクリアファイルに入れることができます。

　図工の絵画作品も、やはり画鋲はNG。僕がやっているツーダンクリップを使う方法を右ページにご紹介します。

マルチタイプのワークシート

　ワークシートを活動の度に作る先生がいます。何ならかわいいイラストも添えて。しかし、本当に、ワークシートを1枚1枚手作りする必要はあるでしょうか？　答えはノーだと思います。年間通じて汎用性の高い2パターンのワークシートをフル活用すると効果的です。

紙々との戦い

画鋲レスの掲示方法

習字：習字ホルダー
　　子どもが入れる

国語などの発表：
A4 クリアホルダー
　　子どもが入れる

図工の絵画作品：
①壁面上部に厚紙を固定、そこにツーダンクリップを常設しておく
②教師はロッカー台の上へ行き、子どもたちに指定の枚数でツーダンクリップで連結させた絵を持ってきてもらい、掲示する

2タイプのマルチワークシート

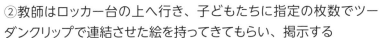

穴埋めワークシートは子どもたちの自立を遅らせる。
とことん汎用性を利かせるマインドで、時間の浪費をなくそう。

Aタイプ：
国語や道徳、グループ活動の話し合い活動の記録など

Bタイプ：
理科や生活科の観察、図工科での立体作品の計画など

2タイプでオッケー！

第3章　自分の生産性を上げる！　スキルアップ編

マルチワークシートの
PDFはこちら！

紙々との戦い 02	# 紙々との戦いを制する者が学校を制する

トヨタのルールに「**書類は10秒以内に出せるようにしておけ**」というのがあるようです。

怒涛のように押し寄せる大量の紙に埋もれないためには、「**紙の流れを決めること**」です。紙々との戦いを制する者が学校を制するのです。

職員室のデスク―インデックス収納法

子どもたちを帰して職員室に戻ると、だいたい、机の上には何枚か、紙が載っていますよね。まずはこいつらを瞬殺。不要なものは足元の古紙用のB4のカゴにダイレクトシュート。

そして、残しておく必要のある紙はメインのクリアブックへ。よく学校から無料で配布される2穴パンチのファイル、あれはおススメしません。パンチ穴をあける、閉じるといった付随作業が発生するためです。

フニャフニャしないクリアブックにインデックスを付けて保管します。その際に、数日間で処理すべきものを入れる「アクティブ」という欄を複数設け、毎日そこをチェックする習慣を付けると忘れません。

教室―プリント棚とファイルボックス活用

教材プリントは①プリント棚を教科やジャンルごとにクラフトシールを貼ってエリア分け、②音読カードなどの各ファイルはA4のファイルボックスにインデックスで分類、③ここにも「アクティブ」の引き出しを作り、期間が過ぎたらポイッでオッケーです。

配って余った紙類は、配り係が給食台の中の段ボール箱にダイレクトシュートという仕組みを作っておきましょう。

トヨタルール「書類は10秒以内に出せるようにしておけ」に学ぶ

紙の行き場を決めておくことが重要です。

ポイント1　インデックス収納法

クリアブックにインデックスを付け、「アクティブ」欄を作る
アクティブ欄に入れるのは、近日中に配布する家庭訪問の個票など

プリント棚のエリア分け、音読カード等をA4ファイルボックスへ
ここにも「アクティブ欄」

紙と紙を重ねないこと

探す手間が増えたり、誤って捨てたりするリスクになる

ポイント2　ダイレクトシュート方式

要らないものは瞬殺!

職員室のデスク下の
B4の古紙用カゴに

教室の余ったプリントは
段ボール箱に

第3章　自分の生産性を上げる!　スキルアップ編

紙々との戦い 03 全ての紙々を iPad に オールイン iPad 法

　全ての紙々を iPad にまとめることで生産性が大きく向上します。重たい指導書を持ち運ぶ煩わしさからも解放されます。また Apple Pencil、HDMI ケーブル、GoodNotesといったアプリで機能を拡張させることでより強力なツールとして機能してくれるようになります。

〈教科書を iPad へ〉

　教科書をスキャンして PDF にして取り込むことで、Apple Pencil を使って自由に書き込むことができるようになります。また教室の大型テレビ等と接続することでデジタル教科書として使うこともできます。

〈教材研究ノートを iPad へ〉

　教材研究用のノートを iPad へと移行することでメリットを得ることができるようになります。指導書や教育書の好きなところを取り込むこともできるので教材研究がはかどります。

〈研修資料を iPad へ〉

　研修等に参加する際、配布される資料をその場で取り込み、ノートにまとめることで思考が整理しやすくなります。もらった資料の端にいろいろ書き込んだりしても、それを見返すことってほとんどありませんが、デジタル化することでいつでも見返すことができるようになります。

〈学習指導要領を iPad へ〉

　どんどん厚みが増していく学習指導要領。紙ベースではなく、デジタル化されたものなら、ワード検索機能を活用することで知りたい情報へ素早くアクセスすることが可能となります。

[活用例]
- 授業中に子どもの良いノートを紹介。
- 算数の図形やグラフを提示し、書き込みながら説明。
- 社会の資料を提示し、授業の導入に使う。

第3章 自分の生産性を上げる！ スキルアップ編

オールイン iPad 法の詳細は
こちらのサイト参照！

| パソコン力UP |

校務パソコンをもっとカシコく!

辞書登録で事務作業のスピードアップ

　学校特有の言葉は無数に存在します。それらを適切な漢字にするために、一文字ずつ入力する煩わしさは、みな経験しているはずです。

　たとえば、指導案を一つ書くだけでも、「本時、前時、次時」等、小さな変換の壁に次々とぶつかります。「ぜんじ」と打ち込んで変換するも見つからず、結局、「まえ」「とき」と打ち込むはめになります。「特支、生指、小体連」等、略語の多さも変換速度を低める要因だと言えます。

　また、ここはひらがなであるべきという暗黙の了解、「子供→こども、足し算→たし算、引き算→ひき算」がそれに当たります。

　これらを一度で入力するには、辞書登録が効果的です。入力が面倒な単語に出くわすたびに、ショートカットキー + Ctrl + F7 で辞書登録していくと、変換スピードが上がります。その際、頻出ワード（例：主体的・対話的で深い学び→しゅた）や、固有名詞（例：坂本良晶→なまえ）は省略型で登録するとよりよいでしょう。

ショートカットキーを駆使しよう

　ビジネス界では当たり前とされているショートカットキー。学校現場ではその普及率はあまり高くないように感じます。

　特に頻繁に使うショートカットキーの、「コピー」「ペースト」「カット」「元に戻す・やり直す」を僕は「ショートカットの四天王」と呼んでいます。いちいち右クリックでコマンド選択する手間が省けるので非常に便利です。ショートカットキーを使うかどうかで、文書作成のスピードは大幅に変わります。

効率アップに必須のパソコン力

PCの辞書登録例

単語	よみ
本時	ほんじ
前時	ぜんじ
次時	じじ
机間指導	きかんしどう
主体的・対話的で深い学び	しゅた
小教研	しょうきょうけん
総合的な学習の時間	そうごう
校時	こうじ
範読	はんどく
坂本良晶	なまえ

ショートカットキーの例

ショートカット四天王

- Ctrl + C … コピー
- Ctrl + X … 切り取り
- Ctrl + V … 貼り付け
- Ctrl + Z … 元に戻す

- Ctrl + Y … 操作をやり直す
- Ctrl + S … 上書き保存
- F12 … 名前をつけて保存
- Ctrl + N … 新規ファイル作成
- Ctrl + P … 印刷する
- Ctrl + F2 … 印刷プレビューの表示
- Ctrl + F … 検索
- Ctrl + H … 置換
- Ctrl + A … ワークシート全体を選択
- Ctrl + マウスホイールの上下 … 画面の拡大・縮小

第3章 自分の生産性を上げる！ スキルアップ編

ショートカットキーの使い方の参考動画はこちら！

第4章
時間を手懐けろ！
タイムマネジメント編

時間管理 01 時間という名の有限な水を適切に配分する「生産性のヤカン」

　時間を水に置き換えましょう。そしてみなさんは8時間という容量のヤカンを手にしてします。毎朝、そこに8時間分の水が補充されます。そして、目の前の仕事コップに水を注いでいくのです。このイメージで仕事の軽重について考えていきましょう。

全てのコップに水を注ぐことはできない

　目の前にはたくさんのコップがあります。全てを満たすことができれば理想です。しかし、時間という名の水は有限です。よって、どの仕事に水をどれぐらい注ぐのかということが大切になってきます。「このコップが大切だから水を満たそう」「これは大して大事じゃないから少しでいいか」「このコップはそもそも水を入れる必要がないか」といった具合に、適切に水を配分していきましょう。

定時を過ぎると

　実は、定時を過ぎてヤカンが空っぽになっても、水を補充することができます。これを残業蛇口と呼びます。もちろん、毎日定時で帰ることができれば理想ですが、もちろんそうならないことも多いでしょう。だから残業蛇口の水を使う必要も出てきます。しかし、注意すべきなのは、使っているうちに、その水はだんだんと濁ってくるということです。コップに濁った水を注いでも、その仕事のクオリティは下がってしまう可能性が高くなります。だからこそ、いつも綺麗な水を注いでクオリティを維持できるよう、慢性的な残業は避けるべきなのです。

生産性のヤカン

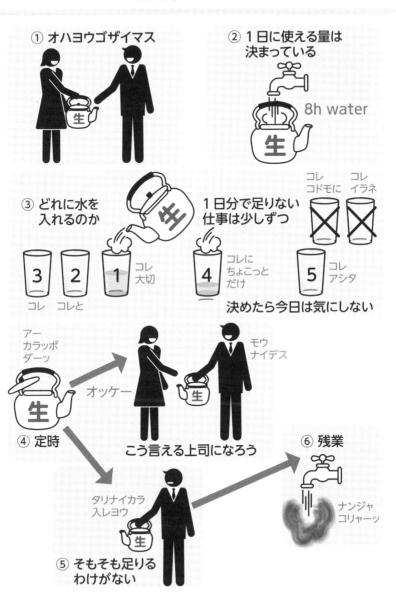

| 時間管理 02 | # 45分のデザイン〜短期的タイムマネジメント |

学校現場では地獄的に時間不足です。1日の勤務時の中で、自分の時間が1秒もないような日もありますが、時間を手懐けるべきです。

授業時間内の生産性を高める「知の再分配」

よく、放課後に何十冊ものワークに丸を付けている先生がいます。かくいう自分も昔はそうでした。そもそも、授業時間ぎりぎりまで子どもたちに活動をさせて、丸付けは他の時間にするという前提が間違っているのです。丸付けも含めて45分でやりきるという意識を持つのです。

算数の授業で、「はい！ 残り5分です！ ワークの32ページを……」なんていう教師の声かけを聞いたときの、子どもたちの心の声は？

学力上位層A君「フッ、まあ余裕やね」

学力中位層B君「えっ！ たった5分で？ 急いでやらないと！」

学力下位層C君「そんな無茶ぶりしやがって！」

とこんなところです。結局、時間内に丸付けまで終わる子はごく一部になり、残りが放課後に回ります。それは、「私がちゃんと教えないと」という幻想があるからです。そもそも一斉授業というスタイルは、学力中位に位置する子には有効でも、上位層の子は退屈し、下位層の子は「さっぱりわかりまへんわ」となることに気付いてください。

もし、15分の時間を取れば、5分でワークを終わらせたランナーたちが、残りの10分間を他の子のフォローに回ることができます。互いに助け合う、そしてその行為を認め合う、そういった子どもたちの姿に教師が価値付けをしていくことで、授業を通じて、クラスの良い雰囲気が醸成されていくという大きなプラスも期待できるといえます。

45分で丸付けまで終える学級チームビルディング

『MOVE YOUR BUS』(ロン・クラーク著　SBクリエイティブ刊)というチームビルディングに関する本に学び、バス(学級)を動かすエンジン(子ども)を4つにカテゴライズします。そしてランナーの子どもたちに、他の子のフォローに回ってもらいます。

ムーブ・ユア・バスの4層構造

高い能力を持ち、なおかつクラスのミッションを理解し、他の子のフォローもしてくれるなど、とても頼りになる存在。

ランナー

基本的に自分のことを自分のペースでやりきる力を持つ子ども。この層にいる子をランナー層に引き上げることで、クラスの力は高まる。

ジョガー

能力的には低い部類に入る子ども。しかし、自分なりに一生懸命頑張ろうという気持ちを持っている。周りのフォローを受ければ、最後までやりきる力を持っている。

ウォーカー

もはや、やろうともしない子ども。ライダー化は家庭環境や発達障害など、本人の意思とは無関係なことに端を発していることが多い。この子にとって最も価値がないのは、教師の正論。

ライダー

イラスト　奥野木優

- 学級のミッションを全員で共有することが前提
- ランナーの子どもは教科によって入れ替わる
- フォローに回ってくれた子には必ず「ありがとう！助かったよ」と感謝の言葉を！

第4章　時間を手懐けろ！　タイムマネジメント編

| 時間管理 03 | # １日のデザイン〜中期的 タイムマネジメント |

　１日の時間を大まかに分けると３つあります。①子どもが来るまでの時間、②子どもがいる時間、③子どもが帰った後の時間です。②の子どもがいる時間の使い方を突き詰めることが最も大切です。そのために必要なことを見ていきましょう。

〈朝は頭を、夕方は手を使う〉

　朝の時間の使い方は極めて重要です。それは、朝と夕方では**疲労度**が決定的に違うからです。野球で１イニング目から全力投球してしまうと、夕方にはスタミナがなくなり、打ち込まれること必至です。

　こうならないために、脳と体が絶好調な朝に、頭を使う仕事をします。子どもが帰った放課後に、タスク処理的な、手を使う仕事をするのです。

〈逆算思考で集中力を上げる〉

　タイムマネジメントで重要な視点に、逆算思考と積み上げ思考があります。２つのうち、持つべきものは**逆算思考**。ある一定のポイントから逆算して、仕事を終わらせる考え方です。

　１日におけるポイントとは定時であるべきです。定時から逆算して、今日はこのタスクを処理しようと仕事に取りかかることで、集中力も上がります。これに対し、積み上げ思考とは、やるべき仕事をどんどん積み上げ、終わったら帰ろうという思考。集中力を欠き生産性が下がります。

〈15分パッケージで仕事密度を上げる〉

　タスク処理にかける時間を、15分を１パッケージとして、何パッケージ使うか決めてから取りかかります。これも、時間当たりの仕事の密度を上げ、成果を上げる手法です。

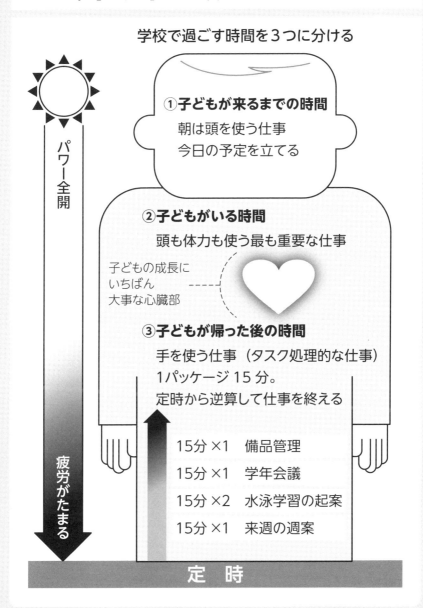

| 時間管理 04 | # 1年のデザイン〜長期的タイムマネジメント |

ここでは飲食店を参考にします。一昔前までは、庶民にとっては高嶺（高値？）の花だったお寿司。これが今では味のクオリティはさておき、1皿100円でたらふく食べられるようになりました。理由は回転ずしが圧倒的な生産性を実現したからです。その手法に迫りに行きましょう。

アイドルタイムとピークタイム

「いらっしゃいませ〜」。実は、僕の前職は「くら寿司」の店長なのです。連勤による瀕死状態も売り上げ日本一もあり、地獄と天国の両方を体験しました。そのときのノウハウが確実に今に生きています。

飲食店の概念に「アイドルタイム」と「ピークタイム」があります。「アイドルタイム」は車のアイドリングと同じで、お客さんが少なく、比較的暇な状態です。「ピークタイム」はお客さんがいっぱいの忙しい状態。外食店はアイドルタイム中にシャリを炊き、温泉卵やいなりずし、ビントロを切り、ピークタイムが来たら、アイドルタイムに作ったストックを消費しながら、ひたすら注文に応えます。大事なのはこの流れ。

「Aがない。すぐ作って！」「Bがない。早く補充して！」となり、この流れがストップしたら厨房もフロアも大混乱。お客さんのクレームが…。

グッバイ「自転車操業」

学校はこうなっていませんか？　この状態を教師界では、よく「自転車操業」と呼んでいます。こうならないためには、**学期中＝ピークタイム、長期休業中＝アイドルタイム**と捉えて、新学期を迎える前の長期休暇中に仕事のストックを大量にしておくことが大切なのです。

1年をアイドルタイムとピークタイムに分ける

仕事を「生もの仕事」と「乾きもの仕事」に分ける

アイドルタイム に
「乾きもの仕事」をする
いつやっても精度が変わない
プリント類の印刷、会議資料等
の大枠作成など

ピークタイム に
「生もの仕事」
時間が経つと精度が落ちる
所見、成績処理、会計処理、
出席簿、時数管理など

乾きものコーナー
保存できる

生ものコーナー
鮮度が大事

第4章 時間を手懐けろ！ タイムマネジメント編

時間管理 05 1年という仕事〜サーキットを4月に改修しよう

　年間トータルでの勤務時間を抑えるための鍵となるのが4月です。仕事をサーキットにたとえましょう。1ヵ月で1周。1年で12周してチェッカーフラグが振られると考えます。いかに速いラップタイムでサーキットを周回し、トータルタイムを縮められるかが勝負です。

難所の改修がトータルタイムをよくする

　サーキットでクラッシュ（イレギュラーが発生）したり、コースアウト（ムダな仕事）すると、タイムは確実に落ちます。安定したハンドルさばきで、1年を乗り切ることがベストです。

　しかし、我々はこんなこともできます。それはサーキットを改修すること。難しいヘアピンカーブを毎回、難しいドライビングテクニックでクリアするのではなく、その難所をイージーなコースへと改修することで、より速いラップタイムをたたき出すことが可能になります。

　難所とは、例えば校務分掌の業務カイゼンであったり、子どもの学力を上げるための仕掛けづくりであったりします。

　校務分掌の業務カイゼンは、年間の仕事量をある程度見通して進める必要があります。そうでないと、「忙しいから去年の会議資料の日付だけ、ぱっと変えて出しておこう」という**忙しい時あるある**に陥ります。これが、ムダな贅肉が付いた「前年踏襲」のオンパレードにつながります。

　子どもの学力問題はもっと重要です。遅れている子がいるのに、目先の時間に追われて1年間引きずるより、早い段階で手を打つ方が、間違いなくトータルでの指導負荷が減ります。何よりも、勉強がわかるようにするという我々の第一ミッションを後回しにしないことが大事です。

サーキット改修の時間を惜しまない

難所の例

- 校務分掌の業務カイゼン
  時間をとって、効率的な
  新方式に変える
  →学年全体の業務時間短縮

- 学力の遅れを取り戻す
  学習支援の計画を立てる
  （保護者と連携し、
  家に九九表を貼るなど）
  →学力向上でクラスが安定
  →イレギュラーの軽減

第4章　時間を手懐けろ！　タイムマネジメント編

| 時間管理 06 | 「アーリーショケナー」に なろう |

生もの仕事の代表格が成績処理。特に「所見」です。今日の学校現場においては、なんとなく、学期末にまとめて書く風潮がありますが、これは絶対ダメです。時間もかかるし、精度も落ちる。過去のことを思い出すのは、脳にとっては想像以上に強烈な負担となります。

たとえば、「ここ1週間の夕食を全部言ってください」といきなり言われたら、相当に頭をひねることになります。でも、もし毎食後にノートに記録していれば、苦労せず、正確にスラスラ答えられるはずです。

始業式から所見を書き始められる

では所見の場合はどうすべきか。パソコンのデスクトップに所見のExcelを貼っておきます。そして、学期を通じて常々所見を書くという意識を持ち続けます。こうすることで、始業式の日から、所見を書き始めることができます。所見記録のタイミングは非常に簡単です。

子どもを褒めた時です。褒めた瞬間に所見トリガーを引くのです。狙いを定めて、「ショケーーーン!!」と。なお、早い段階から所見をスタートする希少種の人のことを「アーリーショケナー」と呼びます。ぜひ、アーリーショケナーの仲間入りをしてください。

所見ヤッホイ指数

所見を打つにあたり、モチベーションを上げるとっておきの方法があります。それが所見ヤッホイ指数です。これは所見の達成率を可視化するという考えです。所見を打ちこむ度に、ヤッホイ指数が上昇していき、100ヤッホイになったら完成。あとはドヤ顔で提出するだけです。

80

所見ヤッホイ指数

サッカーの授業での○○くん、半端ない活躍をしていたなあ

- 今日褒めた出来事を書く
- 忙しいときは、キーワード（かべ新聞、リード）だけ書いておく

所見ヤッホイ指数の実装方法

	A	B	C	D	E	F
1	氏名	所見	文字数		所見ヤッホイ指数	84%
2	A君	漢字の練習では、いつもていねいな字を書き、一生懸命がんばる姿が素晴らしかったです。	41		所見標準字数	60
3	B君	クラスでは「学級委員長」として、クラス会の司会を務めるなど、クラスの中心的存在として活躍してくれました。	52		児童数	3
4	○君	「サッカー」の授業では、後ろ向きのボールをめっちゃトラップしてゴールを決めるなど、半端ないプレーを見せてくれました。	58			
5		所見合計文字数	151			

所見ヤッホイ指数の作り方

❶ 所見欄の隣に文字数を表示させる→ LEN（B2）

❷ 所見合計文字数欄を作る→ SUM（C2：C4）

❸ 児童数欄を作り、数字を入力する→ F4

❹ 所見標準字数欄を作り、数字を入力する→ F2

❺ 所見ヤッホイ指数欄を作り、次の式を入力する
→＝所見合計文字／（所見標準字数×児童数）

Yahhoi Shisuu！

所見ヤッホイ指数の実装方法の参考動画はこちら！

時間管理 07

5文で決めろ「所見フレームワーク」

　年間を通じて、ヘビーな仕事の一つが所見です。しかし、一定のフレームを持って所見を書き出すことで、かなり労力を減らすことができます。ここでは、その所見フレームの基本的な構造について説明します。

5文所見

　所見は、以下の5文で書くことをオススメします。
①学習面の具体②学習面の抽象③生活面の具体④生活面の抽象⑤1メッセージ
　学習面で子どもが輝いたシーン（具体）を書きます。
「算数科の授業の始めに取り組んでいる百マス計算では、1分を切ることができるようになりました」
　次に、その具体を抽象化し、子どものどんな力が伸びたのかを書きます。
　「計算力（抽象）や集中力（抽象）の顕著な伸びが見られます」
　生活面も同様です。
　最後に、これからの期待や励ましの言葉を教師の主観（Ｉメッセージ）の言葉を書いて締めくくります。

言葉選び

　経験が浅いうちは、子どもの具体を見てとっても、それを言語化することが難しかったりします。そんな時は、指導要領や指導書等の言葉を参考にすると、まとまりのある文章になりやすいです。

所見の書き方のコツ

所見は**具体→抽象**+**Ⅰ（アイ）メッセージ**で表現すると書きやすい

> 具/抽 算数科の授業の始めに取り組んでいる百マス計算では、1分を切ることができるようになりました。計算力や集中力の顕著な伸びが見られます。
>
> 具/抽 運動会の団体演技『○○』では、ダンスリーダーを務め、みんなの手本となって踊ることができました。そのリーダーシップや積極性の高さは素晴らしいものがあります。
>
> Ⅰ（アイ） 来学期のさらなる活躍を期待しています。

具体→抽象の表現例

具体	抽象
走り幅跳びではスピードに乗った助走から踏み切って跳ぶことで、クラストップの記録を残すことができました。	身のこなしや、瞬発力の高さは素晴らしいものがあります。
ヘチマの観察では、実を割って中の種の様子や実の作りを細やかに記録することができました。	好奇心や観察力の高さは素晴らしいものがあります。

第4章 時間を手懐けろ！ タイムマネジメント編

時間管理 08 ファーストチェス理論

　学校の当たり前を疑っていきましょう。そうすると、潜在的な時間を発掘できるようになります。

とにかく５秒で結論を出す

　僕が時間の無駄だと思うもの、それは悩むという時間です。「ファーストチェス理論」というものがあります。これは、チェスにおいて５秒考えて打つ手と30分考えて打つ手は、最終的に86％が同じ手になったというものです。つまり、うだうだ考えても結果が同じなら、すぐに結論を出すべきなのです。

　学校でも理科や図工の教材を選ぶ際、学年団のみんなで「これはここが良くて、そっちはここが良いなあ…」と悩む場面はよくあります。しかし、各教材会社が努力して作った教材。そうそう大外れはないはずです。とにかく５秒で結論を出す。それでも８割方、答えは同じです。

ダメそうなことに時間をかけない

　サンクコスト（埋没時間）とは、取り戻すことのできない時間・労力という意味です。

　たとえば、３時間費やして今度の研究授業のための準備をしたけど、どうもイマイチだなあ、なんていうとき、「こんなに苦労したのにやめるのはもったいない…」なんて気持ちになりますよね。

　でも、断言します。**「成果が表れないと思ったことに対し、それ以上の時間と労力を投下するほうがもったいない」**。

　サンクコストの呪縛に囚われず、スパッとやめる勇気も必要です。

84

時間をムダに費やさないために

悩む時間を作らず、5秒で結論を出す

ファーストチェス理論

5秒考えた打ち手と、30分考えた打ち手は最終的に86%が同じ手になった。
1手につき「30分-5秒=29分55秒」の時短で、8割方、結果は同じ！

サンクコストに囚われなかった好例

ユニクロの㈱ファーストリテイリングは、1年半で農業分野から撤退し、赤字を最小限に食い止めた。

例）研究会用のプレゼンテーションを準備

過去　　　　　現在　　　　　未来
本代、材料費、時間

ここでやめたら、今までの費用・時間はムダになる

撤退して、別のプレゼンに変える

無理に進めて、プレゼンは低評価

時間管理 09

最適解思考を
インストールする

　タイムマネジメント能力を上げるために、脳内にインストールすべき
マインド。それは最適解思考です。もし、脳内に完全解思考がインストー
ルされているなら、急いでアンインストールすべきです。

完全解を追求する学校現場

　先に、僕は「ムーブ・ユア・バス」方式で、子ども同士、互いに得意
不得意をフォローし合うことを提案しました。「えっ！　でも子ども同
士で教え合わすなんて、ちゃんとできるの？」この、「えっ！　でも」
を枕詞に多用する人は、間違いなく最適解思考が欠落しています。

　ここで持つべき視点は、最適解と完全解という考え。学校現場はあま
りにも後者の完全解を追求するという、誤った美徳に囚われ過ぎです。

　完全解とは全ての項目において最高の解です。自動車メーカーでいえ
ば「リーズナブルで、燃費が良くて、走りが良くて、大人数が乗れて、
安全性能が高くて、悪路走破性に優れ、内外装のデザインが最高の車を
作ろう」というもの。それは「不可能だ！」と感じるのが普通です。

　でも、学校は完全解思考に支配されています。チャイムが鳴る目いっ
ぱいまでプリントをやらせ、教師が全て自分で放課後に丸付けをする。

　子どもに丸付けさせたら、間違いがあるかもしれないというリスクは
確かにあります。しかし、そのリスクより、リターンははるかに大きい。
チャイムまでに丸付けを終えれば、子どもの休み時間も確保できるし、
教師は疲労困憊したまま次の日教壇に立つことが減ります。

　仕事に完全解は存在しません。今あるリソース（時間、モノ、人、カ
ネ、情報）を使って最大限の効果を出す、最適解思考こそ必要なのです。

瞬間瞬間の最適解を見つける

最適解思考とは今あるリソース
(時間、モノ、人、カネ、情報)で
最大限の効果を生むこと

完全解思考

リスク	休み時間なし・放課後ガンバル・疲労困憊で教壇に立つ
リターン	丸付け間違いナシ

最適解思考

リスク	丸付けの間違い
リターン	休み時間確保・教師の負担軽減・ゆっくり休んで翌日も元気

丸付けを子どもに頼むと…

仕事に完全解は存在しない
瞬間瞬間に今あるリソースから最適解を見出し続けることが大切

学校に多いのは、選択肢（逃げる、隠れるなど）を探さず、決まったやり方を続ける「ゾンビ型思考」

第4章 時間を手懐けろ！ タイムマネジメント編

時間管理
10

非生産的な時間を
なくす

エッセンシャル会議化のすすめ

　教師の生産性を低めているものの正体の一つは会議です。

　Twitter で時々見られる「朗読会」なる会議も存在しているようです。資料をすべて読み上げる。そして他の人は内職したり、居眠りしたり。こんな非生産的な時間の使い方はあってはなりません。

　こんな会議を劇的に変える方法、それがエッセンシャル会議化です。会議資料を事前に全職員に配布しておき、参加者はその資料に目を通している前提で会議を開きます。会議では、起案者はエッセンシャル（本質的に大事な箇所）な部分だけを口頭で伝える。たったこれだけです。教務主任の先生に、この仕組みを提案するだけでできます。会議を短くしたいという思いは誰もが同じはず。ぜひ取り入れてみてください。

計画はいつも頭の中に

　運転しながら、電車に揺られながら、歯磨きしながら…。僕たちの仕事はできます。教師の仕事の本質は知的生産。知的生産に唯一必要なもの、それは時間です。場所やモノがなくたってできるのです。

　PDCA サイクルを回すことが仕事の基本です。一番ダメなのは、出勤して机についてから P（PLAN）を始めること。そうなるとどうしても D（DO）のスタートが遅れます。前もって脳内でPをしておくことで、出勤時間からロケットスタートを切ることができるのです。

　僕の場合、仕事は持ち帰りませんが、実は脳内にはたんまり仕事を持ち帰っています。リラックスした環境のほうが間違いなくクリエイティビティは刺激されるからです。

88

非生産的な時間の減らし方

エッセンシャル会議化を教務主任に提案しよう

会議資料は事前配布。全員が読んでおく。
会議では大事なことだけ口頭で伝える

PDCAサイクルは教師の仕事でも基本

PCDAとは、ビジネスで管理業務を継続的に改善していく手法

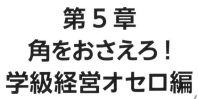

第5章
角をおさえろ！
学級経営オセロ編

学級経営 01 ルールを知る者だけが 勝てる「学級経営オセロ」

　オセロでは、「角さえおさえていれば、最終的には戦局をひっくり返せる」ことを知っていれば、勝率はグンと高まります。

角を押さえさえすれば後で何とでもひっくり返せる！

　学級経営は、つまるところオセロです。目先の荒れに焦って、子どもを理不尽に怒鳴り散らしたりする光景をよく見かけます。僕自身、そういう時期がありました。「必死でここをおさえないと学級崩壊する！」という焦りから、感情的に子どもを叱りまくり、子どもの心が離れていく失敗も経験しました。

　しかし、途中でどれだけ劣勢に立たされようが、角をおさえればあとでひっくり返すことができます。目を向けるべきは角なのです。

学級経営オセロの4つの角とは？

　学級経営オセロには特殊なルールが二つあります。一つは初めから角を取りに行けること。もう一つは、一度取った角をひっくり返されることがあるということです。前者はメリット、後者はデメリットです。

　では学級経営オセロの4つの角とはいったい何を指すのか。

①授業
②子どもたちとのコミュニケーション
③教室環境
④ 20％の心身の余裕

　このうち3つの角をおさえられれば勝率は高まり、全ての角を失うと学級は崩壊への一途を辿ります。それだけは避けなければなりません。

学級オセロの４つの角

４つの角をおさえた学級

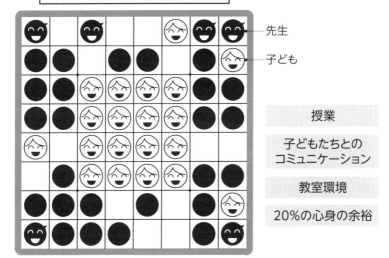

先生
子ども

授業

子どもたちとの
コミュニケーション

教室環境

20％の心身の余裕

全ての角を失うと学級崩壊への一途をたどる

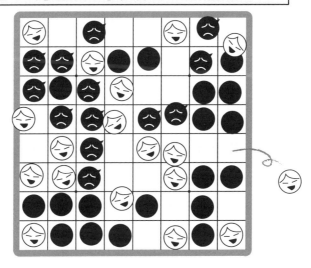

学級経営
02

パレートの法則

　一度しんどくなった学級を元に戻すのは大変なことです。それよりも、クラスを荒らさないことのほうが楽なのは明白です。では、どうしたら、クラスを荒らさない学級経営ができるのか。攻略法を考えていきましょう。

　ところで、学級の安定と勤務時間はどう関係するのでしょうか。学級経営の攻略法を考える前に、その関係について知っておいてほしいことがあります。それが、パレートの法則です。

2割のイレギュラーが8割の仕事を生む

　数多くのビジネス書に「パレートの法則」というワードが出てきます。これは、イタリアの経済学者ヴィルフレド・パレートが発見した法則です。

　パレートの法則とは、全体の数値の大部分は、全体を構成するうちの一部の要素が生み出しているという理論です。

　80対20の法則、ばらつきの法則とも呼ばれます。この法則から、学校では、2割のイレギュラーが8割の仕事を生んでいると考えています。

　学級が荒れると、イレギュラーが頻発します。生徒指導上の問題が頻発して、対応に追われ、余裕を失ってさらなるイレギュラーを呼んでしまうという悪循環へと陥ると、仕事は雪だるま式に増えていってしまいます。こうなると、その流れを止めるのは至難の業です。

　逆にいうと、2割のイレギュラーをなくせば、仕事発生の8割を抑えることができます。

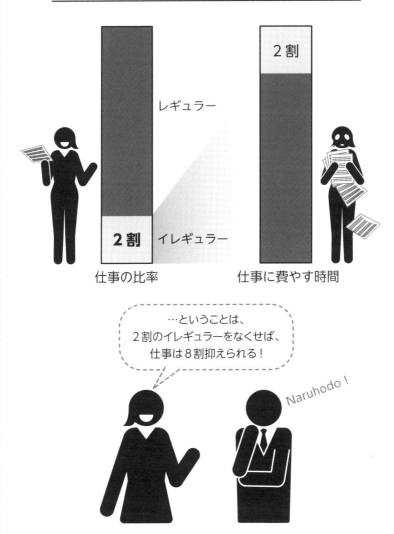

授業 01　より短い時間でより良い授業デザインを「授業のフレームワーク化」

　教師にとって最も大切な仕事は、やはり授業です。より短い時間で、より良い授業ができれば子どもも教師もハッピーですよね。しかし、毎□６時間もの授業をしなければいけない中で、全ての授業デザインに多くの時間を費やすことは不可能です。そこで、授業のフレームワーク化という考えを紹介します。

一定の枠組みの中で授業をデザイン

　仕事に追われると、どうしても自転車操業的に「今日の授業どうしよう…」となりがちですが、一定の枠組みの中で授業をデザインすることで、早く授業をデザインできるようになります。また子どもたちに見通しを持たせたり、自立的に学習する力を伸ばすことにも繋がってきます。

国語物語教材のフレームワーク例

　小学校の場合ですが、どの学年においても最も授業数が多いのが国語科です。しかも「どう」教えるかの裁量度が最も大きいのも特徴です。そこで、ここでは国語科の物語教材にフォーカスして年間を通じたフレームワーク化の一例を図解しました。

　教材が変わっても同じ枠組みで螺旋状に学ぶことで、だんだんと子どもたちの中に、問いが自動的に生成されてくるようになります。例えば、１学期の『白いぼうし』で「登場人物」の定義をおさえたなら、２学期の『ごんぎつね』では自然と「登場人物は何人いるだろう」と考え始めます。これが結構難しくて、名前だけ登場している人物も多いので、話し合い活動をさせると盛り上がります。

国語の物語教材をフレームワーク化の例

◎物語文

1年の流れ →

めあて	一つの花（1学期）	ごんぎつね（2学期）	初雪のふる日（3学期）
物語の設定を明らかにする	一つの花 キーアイテム／対人物 ゆみ子／中心人物 お父さん／わき役 お母さん	うなぎ 火なわじゅう（ズレ）キーアイテム／対人物 兵十／中心人物 ごん／わき役 弥助のおかみ・いわし屋 加助	よもぎの葉 キーアイテム／対人物 おばあさん（ズレ）／中心人物 わたし／わき役 ○○のおばさん・白うさぎ（前）・白うさぎ（後）年より
物語を四つの部に分ける	終結部 5／山場の部 3 4／展開部 2／導入部 1　場面	終結部 ない（ズレ）／山場の部 5／展開部 2 3 4／導入部 1　場面	終結部 8／山場の部 6 7／展開部 2 3 4 5／導入部 1　場面
クライマックスはどこかを探す	お父さん♥／戦争にいく日がやってきた／ゆみ子がおにぎりを食べる／小さくばんざい歌を歌う／一つの花をゆみ子にあげる／何も言わずに汽車に乗ってにっこり笑う／クライマックス	ごん♥／兵十の母が亡くなったことを知る／兵十のうなぎにいたずらをする／神さまのしわざというままうなずきました／ごんは、ぐったりと目をつぶった／会話をきく	わたし♥／石けりをはじめる／うさぎのむれにまきこまれる／うさぎの歌声がどんどん大きくなる／よもぎの葉を見つける／「よもぎ、よもぎ、春のよもぎ。」

（左欄）単元の流れ

◎パターン化してもズレが生まれ、それが授業のための問いになる

- ●キーアイテム：一つの花→「コスモス」「ごんぎつね」→一つにしぼりづらい…
- ●四つの部：一つの花→四つに分けられた　「ごんぎつね」→終結部がない…
- ●対人物：ごんぎつね→兵十　初雪のふる日→おばあさんは登場してないけど

参考：「白石範孝の国語授業の教科書」

起立、礼はやめよう 「ロケットスタート授業」

授業 02

　「起立、気をつけ、礼」で静かに始まる授業。それも一つですが、より子どもの脳をアクティブにさせるために、授業開始のチャイムで活動をロケットスタートさせるようにしてみてはどうでしょうか。さまざまな実践が存在していますが、僕が実践している一部の具体例を紹介します。

国語

　さまざまなバリエーションの音読や、古文暗唱が王道です。また二十人一首は慣れてきたら１試合５分以内で終わるのでおすすめです。

　暗唱用教材「五十音、寿限無、論語、平家物語」

　音読「説明文グループ丸読み、たけのこニョッキ読み」

算数

　たし算やひき算のプリント、百マス計算、あまりのあるわり算等の中から、発達段階や子どもの実態に合わせたものを選ぶといいでしょう。計算力に加え、集中する力がついてきます。また、自身の成長を可視化するために毎回タイムを記録することも大切です。

　また「算数ミニゲーム」は子どもたちも夢中になります。ゲーム化することで子どもたちのやる気に火がつきます。

- ●低学年　たし算、ひき算、かけ算　百マスかけ算
- ●中学年　百マスかけ算、あまりのあるわり算
- ●高学年　あまりのあるわり算

「算数ミニゲーム」

- ●ナンバーじゃんけん　●キーワードゲーム

ロケットスタート授業で子どもの脳をアクティブに

国語の例

音読 | グループ読み
決められた範囲を班で丸読みをし、タイムを計る。
読めない箇所は班のメンバーでフォローし合う。
グループ内でタイムを競わせるよりも、グループ内でのタイムの伸びや教え合う行動を価値づけるのがポイント。

たけのこニョッキ読み
たけのこニョッキゲームの要領で、指名なしで立ち上がって丸読みをしていく。
同時に2人が読みはじめるとアウトと言うスリルが生まれる。

暗唱教材 | 五十音 | 寿限無 | 論語 | 平家物語

算数の例

3分でできるプリント

たし算
ひき算
九九 (低)
百マス計算 (中)
あまりのあるわり算 (高)

算数ミニゲーム

ナンバーじゃんけん
ペアで指定された数字をねらいじゃんけんの要領で指を0〜5本出し合う

たし算じゃんけん8！

 成功　 失敗

キーワードゲーム
ペアになって2人の間に消しゴムを置き両手を頭の上に乗せる。そしてキーワードの数字を教師が提示する
教師が式を言ったら子どもは答えを言う。もし答えがキーワードと一致する場合は、早押しクイズの要領で消しゴムを取る

 12　2×3=　6！
 4×5=　20！
 2×6=　ゲット！

第5章　角をおさえろ！　学級経営オセロ編

暗唱教材のPDFはこちら！

授業 03 子どもと教師の共通言語を増やす！

学習用語を1学期中におさえる

　例えば算数では「90度の角は**直角**」、「二辺の長さが等しい三角形は二等辺三角形」等、用語によってしっかりと具体化されています。それに対して国語では、さまざまな概念が言葉でカチッと定義されていないため、子どもたちの中で焦点化したり共有化したりしづらいシーンが多く見られます。そこで、発達段階に応じた学習用語を1学期のうちからおさえておくことで、その後の授業計画の幅が出てきたり、子どものインプットとアウトプットの質が上がってきたりします。

物語や説明文の構造をおさえる

　物語や説明文においては、俯瞰して全体構造を捉えることが大切です。「物語作品4つの部」や「説明文3つの文型」を年度最初の教材でおさえておくことで、次回以降の教材を読む時、この型にあてはめて読む癖がついてくるようになります。そうなると、物語文のクライマックスシーンや説明文の問いや結論を自然と探すようになってきます。

重要語句や表現技法をおさえる

　物語文を読み深めるにあたり、重要語句をおさえておくことで、曖昧だったそれぞれの捉え方が焦点化されるため学びを進めやすくなります。

　表現技法は、物語文、説明文、詩を問わずに多くの教材に出てきます。教材に出てきたときに意識的におさえることで、表現に関する引き出しを増やしてあげましょう。

子どもと教師の共通用語を増やすポイント例

物語や説明文の構造

物語作品　4つの部

①導入部➡　②展開部➡　③山場の部➡　④終結部

設定の説明　物語のはじまり　事件発生からクライマックスへ　その後の話

説明文　3つの文型

	はじめ	中	終
頭括型	結論		
尾括型			結論
双括型	結論		結論

物語文の重要語句

登場人物→人や人のように話したりふるまったりする人物
中心人物→物語中で最も大きく変容する人物
対人物→中心人物の変容に最も大きな影響を与える人物
キーアイテム→物語が展開するための鍵となる物

表現技法

倒置法（通常とは言葉の順を逆にする）
擬人法（人間ではないものを人間のように表現）
擬音語（実際には聞こえない音で物事や心情を表現）
擬態語（実際に聞こえる音で物事や心情を表現）
直喩（〜のように等を用いた喩えの表現）
隠喩（〜のように等を用いない喩えの表現）
反復法（繰り返すことで強調等をする表現）

七夕

ささの葉 さらさら　擬音語
のきばにゆれる
お星さま きらきら　←擬態語→　お星さま きらきら
きんぎんすなご
天の川の隠喩

ごしきのたんざく
↑倒置法↓
わたしがかいた

そらからみてる
擬人法

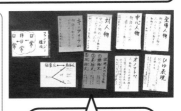

年間通じて繰り返し使用するのでラミネート！

第5章　角をおさえろ！　学級経営オセロ編

授業 04 思考ツールで生産性を上げる

情報整理に有効な思考ツール

　思考ツールは子どもが物事をインプットしたりアウトプットしたりする際に有効です。言葉だけの箇条書きでは情報の整理が難しい内容でも、思考ツールを用いることで、視覚的・直感的にまとめることができます。教科を問わず授業内で思考ツールを使うことで、だんだんと子どもたちに手渡すことができるようにもなります。そうすると自分で思考ツールを使って学習に向かうことができるようにもなります。

思考ツールの例

●ウェビング

　階層を複数に分けてまとめることができます。

●ベン図

　2つの項目について、共通点を視覚化します。円を3つにするパターンもあります。

●Xチャート

　4つの項目について一目で分かるように視覚化します。3つの項目にするYチャート、5つの項目にするWチャート等もあります。

●クラゲチャート

　クラゲに見立てたチャートです。頭の部分がテーマや抽象、足の部分が理由や根拠、具体例などになります。

●マインドマップ

　中心にセントラルイメージ（テーマとなる絵）分岐した太い枝がサブテーマ、さらに分岐した細い枝に具体例を書きます。

思考ツールで生産性を上げる

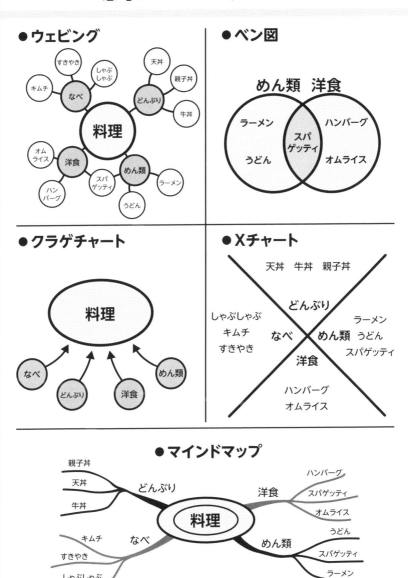

ザイオンス効果 (単純接触効果)

コミュニケーション 01

　子どもたちとの関係作りで大事なことは「コミュニケーション」だと、一億と二千回ぐらいはみなさん耳にしたことがあるかと思います。ここで説明するザイオンス効果とは別名「単純接触効果」というもので、相手に対する好意度は接触回数に比例するというものです。

たわいもない会話を大切にする～教師と子ども～

　朝、教室へ行くと「とにかく宿題の丸付けをしないと！」ってなりがちではないでしょうか。事実僕もそうでしたが、今はあえていろいろな子と会話をすることをしています。「眠そうやなあ（笑）、昨日何時に寝たん？」「昨日サッカーの試合あった？　どうやった？」「その服新しいやつ？　いいやーん」と、たわいのない話でオッケーです。叱ることが多いヤンチャな子や、話す機会が少なめな内気な子には特に大切にしたいですね。

活動を横へ展開させる～子どもと子ども～

　子ども同士でのコミュニケーションを増やすしかけも大切です。授業において、道徳の授業のふりかえりを読み合って、お互いにサインやコメントをし合うような活動は特に効果的です。教師と子どもという縦のやり取りだけだったものを、子ども同士という横へ展開させていくイメージです。友だちに認めてもらいたいという一種の承認欲求によって頑張る力が生まれるという副次的効果も期待できます。その他にも日記、漢字の宿題、理科の観察等、さまざまなシーンで活用することができます。

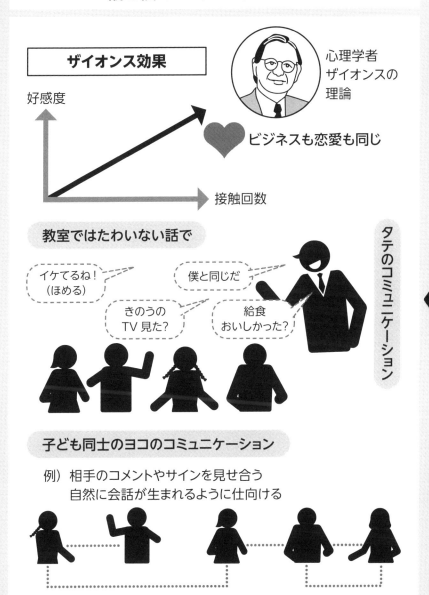

コミュニケーション 02

なぜなぜ分析で、子どもに寄り添う

プラスの「なぜ」と、マイナスの「なぜ」

「なぜ、そんなことしたの？」「なぜ何度注意してもわからないの？」

おそらく日本中の学校で聞かれる言葉です。しかし、これらの場合の「なぜ」は**マイナスの「なぜ」**です。それらは答えようのない「なぜ」だからです。実は知らず知らずのうちに、教師はこの答えようのない「なぜ」をイライラしながら無数に投げつけて、子どもたちにマイナスの影響を及ぼしていることが多いと思います。

一方、子どもに寄り添うための「なぜ」は**プラスの「なぜ」**です。「なぜそう思うの？」「なぜいやだと思うの？」等がその例です。

プラスの「なぜ」を繰り返して原因を深掘りし、突き止めようとするその手法を**「なぜなぜ分析」**と呼びます。

子どもたちの負の行動をなぜなぜ分析していくと、結局のところ、真相は子どもの責任ではないことがほとんどです。家庭環境だったり、発達障害だったり…、あるいは教師の話し方に原因がある場合もあります。

最小エネルギーで最大成果を発揮する

また、なぜなぜ分析をしている過程で、「この先生、オレのこと理解しようとしてくれてるんだ」という感情を生みます。

「好意の返報性」という心理学用語があります。人によくしてもらったら、その人に好意を返そうとする心理的作用のことを指します。

これは教師と子どもの間にもあります。子どもに温かい気持ちで接すると、子どもも好意を返そうとして、頑張りや素直な態度を見せてくれます。最小エネルギーでの最大効果が発揮されている状態といえます。

「なぜなぜ分析」と「好意の返報性」

指導でなくイライラをぶつけているだけ→信頼がないから
子どもは反抗→学級崩壊の危機

…なぜ?…なぜ?…（なぜなぜ分析で原因を突き止める）

信頼があれば「好意の返報性」で、相手は好意を
返そうとしてくれる

| コミュニケーション 03 | 人を伸ばすピグマリオン効果、人を潰すゴーレム効果 |

コミュニケーションの在り方として、根底にあるべきは「子どもを信じる」ということです。僕自身、「子どもを信じるか、信じないか」によって成果が出せたり、出せなかったりという経験がたくさんあります。計算がすごく苦手だった子が、驚くようなタイムを叩き出せるようになったり、はたまた伸ばせるはずだった子を伸ばせなかったり。ここでは子どもを伸ばすための大切なことを、心理学的観点で考えたいと思います。

ピグマリオン効果　〜子どもに魔法をかける〜

別名「教師期待効果」と呼ばれるように、子どもに対して心から「君はできるようになる！」と信じて、期待することが大切です。そうすることで、それに応えようと頑張る気持ちが芽生える子どもは多くいます。

一見、オカルトのように聞こえるかもしれませんが、これはエビデンスもある確かな成果を生む考え方です。わたしたち大人も、誰かに期待されていることを感じたらモチベーションが上がりますよね。子どもだって同じです。「君はできる子だ」という魔法をかけてあげましょう。

ゴーレム効果〜子どもに呪いをかけない〜

反対に、子どもに対して「どうせ君はできないんだ」という気持ちを持って接すると、子どもは伸びません。「どうせ僕なんて…」と、やる気を削ぐことになりかねません。表面的に繕っていても、大人の心の中を子どもは見透かすものです。これは、一種の呪いです。

ピグマリオン効果とゴーレム効果

（教師の期待に応えようとして、頑張る・成績がよくなる）

ピグマリオン効果
根底に
子どもへの信頼

- 期待してるよ
- キミならできる
- ポジティブな言葉や視線

ゴーレム効果
根底に
子どもへの不信

- どうせムリだろう
- できない子、ダメな子
- ネガティブな言葉

（教師から期待されないから、頑張らない・成績が下がる）

コミュニケーション 04 家庭にプラスの連絡を おにぎり一筆箋

　家庭への連絡って、どうしてもネガティブな内容が多くなりがちです。喧嘩やケガといったトラブルや忘れ物といった…。でも、その日あった良かったことをわざわざ電話をして保護者の方にお時間をいただくのも、何か申し訳ない。そんな状況で非常に良い働きをしてくれるのがおにぎり一筆箋です。その日の子どものキラリと光った瞬間を一筆箋に書いて、おうちの方へ届けましょう。

おにぎり一筆箋

　子どもが頑張ったシーンを一筆箋に書きこみ、子どもに読んであげます。そしてこれをおうちの人に渡しておいてねと伝えるだけです。言葉はその場で消えてしまいますが、一筆箋はモノとして残ります。おうちの冷蔵庫に貼ったりする子どももいるみたいで、とても微笑ましいですよね。また、一筆箋を書こうとすることで、自然と子どもの良いところを見ようとする好循環も生まれます。

その他のおにぎりシリーズ

　休みの子の連絡帳を渡し忘れないようにするための「わたしわすれない」という時間割表付きの封筒や、教材研究で教科書に直接貼り付けて授業計画を書き込む「はりなはれ」等、かゆいところに手が届く教師向けアイテムが販売されています。もし良かったら活用してみてください。

おにぎりママのおにぎりシリーズ

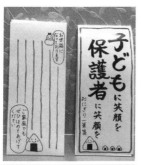

> おにぎり一筆箋

「ご家庭でもぜひほめてあげてください」
先生から保護者へ「子どもの良い表れ」を伝える専用の一筆箋
もらった子どもから笑顔があふれること間違いなし

「今後ともよろしくお願いします」
「お世話になっております」「今後ともよろしくお願いします」が予め書かれている教育者専用の一筆箋
保護者との信頼関係を築くのに効果バツグン

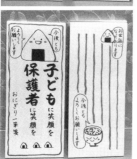

> 封筒

「わたしわすれない」
欠席した子どもに渡す専用封筒予定もプリントも渡し忘れない

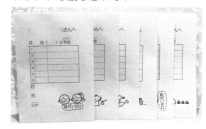

> 授業計画付箋

「はりなはれ」
隙間時間や良いアイデアが手に入った時に、その場ですぐ書き込んで教科書やノートに貼っておける

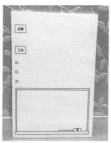

> 昇級シール

「モチアゲくん」
見える形で子どものモチベーションをアゲつつ、昇級をアゲる

おにぎりママの
お店 QR コード

第5章 角をおさえろ！ 学級経営オセロ編

教室環境	# 子どもの心が落ち着く環境を作る

割れた窓を放置しない

　「割れ窓理論」というものをご存じでしょうか。80年代、ニューヨークのジュリアーニ市長が、治安問題に喘いだとき、真っ先にしたことは、地下鉄の落書きを消すことでした。そういった軽微な犯罪を見過ごさないというポーズをとることで、大きな犯罪も減少していきました。きれいに磨かれた窓を割ろうなんて、誰も思わないですよね。でも、窓が割れまくっている小屋の窓なら、別に割ってもいいだろうという心理、何となく理解できますよね。

　これは教室でも同じ。ゴミが放置されている教室で、子どもの心は荒れ、荒れるとゴミが落ちるという悪循環につながります。たとえ小さなゴミでも落ちていたら拾うという姿勢を教師が見せることも大切です。

バタフライ効果と教室緑化

　「ブラジルの一匹の蝶の羽ばたきが、テキサスで竜巻を起こすか？」気象学者のエドワード・ローレンツの有名なフレーズです。初めは微笑だったことも、巡り巡って極大の何らかの効果を及ぼし得る。

　これが**バタフライ効果**と呼ばれるもので、教室に当てはまります。たとえば針金が教室に置いてあるとします。これを見つけたヤンチャ君は授業中にそれで遊んで叱られ、逆上して暴れるかもしれないし、もっと悪い結果もあり得ます。いわゆる「大変なクラス」を受け持っている時ほど、危険な香りのするものは教室に置かないことです。

　一方、僕は**「教室緑化」**と銘打ち、観葉植物を置くことを勧めています。緑は安心・癒しの心理的効果をもたらすそうです。

3つ目の角　教室環境

割れ窓理論
放置されていると……心が荒れてくる

- 割ってもいいじゃん
- 捨ててもいいじゃん
- むやみに子どもを責めてはダメ！まずは自分で拾う姿勢を見せる

バタフライ効果

キケンな香りのするものを教室に置かない

教室緑化

緑は色彩心理の観点から、安心、癒しの心理的効果がある

ヘデラ、ポトス、オリーブ、エアプランツなど

第5章　角をおさえろ！　学級経営オセロ編

どうやって20%の余裕を作りだすのか

20%の余裕
01

　最後の角は**20%の余裕**です。心身に余裕がないと、何事もスムーズに進まなくなり、仕事の処理スピードが落ち、ミスも増えがち。ちょっとしたことにイライラして、子どもに当たってしまいます。

質の高い睡眠が、質の高い覚醒を生む

　『スタンフォード式最高の睡眠』という本がベストセラーになりました。これは、働く日本人がいかに睡眠に悩んでいるかを如実に表しているのではないでしょうか。特に教員は勤務時間の長さゆえ、その傾向は顕著です。
　睡眠というと「量」で話されがちですが、実は「質」も非常に大切です。その質を左右するのが、**黄金の90分**と呼ばれる初めの90分の睡眠です。この時間の質がよいと、その後の質も保証され、日中の覚醒も高まるそうです。読んでおいて損のない1冊です。

良質な休憩時間が心のゆとりにつながる

　各校において、休憩時間が設定されています。しかし定められた45分の休憩をガッツリとっている先生は皆無ではないでしょうか。睡眠同様、休憩時間も質を高めることは可能です。
　Google社等が取り入れて有名になった**マインドフルネス**は、「**今現在起こっていることに意識を集中する心のあり方**」です。これを、5分、10分の休憩に取り入れてみてはどうでしょうか。休み時間や放課後のほんの少しの時間でもでき、その後の仕事のパフォーマンスが上がります。
　僕の場合、休憩には好きなコーヒーを淹れて、マインドフルネス状態に入ることを日課にしています。たった5分ですが、至福の時間です。

睡眠と休憩は量より質が決め手

　20％の余裕を生むために、勤務時間を減らすことはもちろん大事ですが、睡眠や休憩の質を高めることも大切です。

睡眠の質を高める「黄金の 90 分」はいかにして得られるか

・就寝 90 分前の入浴
・質の高い寝具の使用
・寝室の適切な室温と湿度
（参考：『スタンフォード式最高の睡眠』西野精治著）

休憩の質を高める「マインドフルネス」のやり方

正座でも OK！

スタート！

目を閉じて全身の力を抜く

→ゆっくり大きく呼吸する

→リラックスして、意識を
　自分の呼吸に集中する

→「今空気を吸っている」
　「吐いている」

→過去や未来のこと、雑念が消え、
　意識が「今」へとシフト

→マインドフルネス状態

20%の余裕 02 ストレスを減衰させる リフレーミングを取り入れよう

　日々、ストレスにさらされるのが、この仕事です。そんなとき、しなやかな心でストレスを減衰させる方法。それが「リフレーミング」です。

物事を違う枠組みで見つめ直す

　リフレーミングとは、物事を違う枠組みでもう一度見つめ直し、ポジティブに捉えようとすることです。

　たとえば、図書室を利用した後、「椅子を元に戻そう」と声をかけます。でも、チェックすると1脚だけ椅子が出たままに…。ここでイラッとして椅子を戻す。「何でこんなこともできないの？」と心で愚痴りながら。

　でも、こう考えることはできませんか？　「他の29人はキッチリできたんだね。達成率90％！」といった感じです。

　日々の小さなイレギュラーを見たとき、こうしてリフレーミングすることで、心にかかるストレスを減衰することができます。

　僕はストレスを感じることがあったとき、よく壮大なリフレーミングをします。体操服を忘れて見学中に走り回って遊んでいる子どもなんて、国際紛争地での銃撃戦や地球温暖化による氷河の崩落と比べたら、どれほど平和な光景なんだろうと。些細なことでイラッとしなくなります。

学級経営オセロ盤の角をチェックする

　「クラスがしんどいな…」と感じたら、オセロの4つの角をチェックすることが大切です。初めに取ったはずの角が、いつの間にかひっくり返されているかもしれません。クラスや自分自身の振る舞いを客観的に振り返り、一度押さえた角をキープするようにしましょう。

116

リフレーミングの練習をしてみよう

リフレーミングの例

同じものでも枠組み（フレーム）を変えて見ると、短所が長所に変わる

リフレーミングの練習　言葉の置き換え

飽きっぽい	→ 新たなチャレンジをする
いいかげん・適当・だらしない	→ こだわらない
勝ち気・負けず嫌い	→ 向上心がある
気難しい・頑固・マイペース	→ 自分らしさを持っている
暗い・おとなしい	→ 思慮深い
子どもっぽい・幼い	→ 天真爛漫
騒がしい・うるさい	→ 元気
しつこい・執念深い	→ 粘り強い
外面がいい・八方美人	→ 社交的
泣き虫	→ 感受性が強い
のんき	→ おおらか・おっとりしている
反抗的	→ 自立心がある
ふざける・調子に乗りやすい	→ ノリがいい

(https://www.manabinoba.com/tsurezure/017744.html)

第6章
仕事の意味が変わる！
自分のミッション編

ミッション
01
仕事を楽しむというマインド

仕事を楽しむとは？

　自らの生産性を極大化するために必要なことは、**仕事を楽しむというマインド**です。

　誰しもが一度は耳にしたことがある、こんな逸話があります。

　重たい石を運んでいる人を見て、ある旅人が「あなたは何をしているのですか？」と問いかけました。すると、疲れた表情で、「重たい石を運ばされているのです」という答え。次に別の人が来たので、同じことを尋ねると、彼は「この石を運んで、ピラミッドを造っています」と答えました。さらにもう一人、今度はとてもよい表情の人がやって来ました。同じ質問に、彼は「エジプトの歴史を作っています」と答えました。

ミッションを持つと仕事が一気に自分のものに

　最後の人は自分の仕事に使命感を持って働いています。彼のように、仕事を、自分の使命（ミッション）を達成するための手段と捉えることで、仕事は面白いものに変わります。このような価値観を**コーリング**と呼びます。この境地へ達すると、自分のミッションと仕事とを同じ文脈上に配置できるため、天職と感じられるようになります。

　これに対し、出世などの地位向上や、自分自身の能力向上を動機として働く仕事のあり方を**キャリア**、そして、やりがいなどは求めず、ただお金をもらうことに価値観を見出す仕事のあり方を**ジョブ**と呼びます。

　「けテぶれ学習法」を考案した葛原祥太という僕の友人は、それを日本中に広めるというミッションを持ち、いつも熱く語ります。コーリングの境地に辿り着くと、人はこんなにも輝くのだと実感させられます。

120

あなたはどのタイプ？

教育の世界をアップデートするために
JOB＝お金が目的

JOB　CAREER　CALLING

ライスワーク ←→ ライフワーク

教育の世界をアップデートするために
JOB＝出世が目的

JOB　CAREER　CALLING

ライスワーク ←→ ライフワーク

教育の世界をアップデートするために
**CALLING＝
仕事はミッション達成のための手段**

JOB　CAREER　CALLING

ライスワーク ←→ ライフワーク

第6章　仕事の意味が変わる！　自分のミッション編

「けテぶれ学習法」については
こちらのサイト参照！

ミッション 02 教育とは自己実現欲求

自分のハッピーが根底になければ

「教育とは自己実現欲求である」と訴えても、現状では「それどころじゃない」と反論されます。しかし本当に、それでいいのでしょうか。

心理学者マズローの自己実現理論に、「欲求5段階説」をというものがあります。底辺である、もっと寝たい、休みたいといった生理的欲求が満たされていないと、上の階層に行くことは非常に困難になります。

教育とは「子どもを成長させたい」という、ピラミッドのてっぺんである自己実現欲求にあたると僕は考えます。だから、日頃から睡眠不足や疲労困憊といった生理的欲求が満たされないままで働いていてはいけない。上の階層に向かうには、自分の生産性を上げることが必要不可欠なアプローチなのです。良い教師になるには、全ては自分がハッピーになることからスタートするのかもしれません。

Work As Life

落合陽一氏が提唱する Work As Life という働き方の価値観。僕はこれに共感します。旧来の Work - Life Balance は、仕事とプライベートを分け、どちらかというと仕事をネガティブなものと捉えがちです。それに対し、Work As Life は仕事とプライベートの区別をせず、グラデーションにしていこうというものです。

今、僕は完全にこのモードに突入しています。勤務時間外も日本中の変態的（面白い）教員仲間とつながり、ガッコーをもっと面白くしようと企んでいます。その一つが教育コンサルタントの杉山史哲さんと進めている「**みんなのオンライン職員室**」というものです。

122

マズローの欲求5段階説

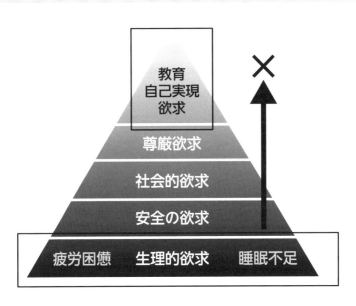

疲労困憊。睡眠不足というステータス異常をぶら下げた状態では、教育のステージに辿り着けない

『みんなのオンライン職員室』 https://minnano.online/
現役の学校の先生や、教員を目指している方、これからの教育に関心の高い方々を対象とした新しいタイプのオンラインの学びの場

「みんなのオンライン職員室」については
こちらのサイト参照！

第6章 仕事の意味が変わる！ 自分のミッション編

ミッション 03 僕のミッション

目の前の子どもたちを幸せにしたい

僕のミッション。それは**目の前の子どもたちを幸せにすること**です。そのために、学力や、自律してモノを考えられる力をつけさせなければなりません。子どもたちがそれぞれの未来をより良く生きられるように。

ただ、僕はマクロな視点でのミッションも持っています。それは、**日本の公教育をより良くする**ということです。日本の公教育は教師の働き方問題だけでなく、ネガティブなことで溢れかえっています。

それらを一つ一つ消し去るのでなく、根本的に変えたい。そんなことを考えてやっていることを、整理すると三つのミッションになります。

〈1 教育の生産性改革の推進〉

より少ない時間で、より良い教育を。この生産性思考を広めるために、SNS や Watcha* など、さまざまな媒体、方法で発信しています。

〈2 教員の再魅力化〉

かつて魅力的とされていた教員という仕事の凋落は、教員採用試験の倍率低下に如実に示されています。教員という仕事を再魅力化するために、ポジティブに頑張っている教員の発信力を強化する必要があります。魅力を発信できるのは、会議室のオジサンでなく、現場の教員なのです。また、教員の新しいあり方として、副業でなく、複業としての「パラレルキャリア」* についても発信しています。

〈3 公教育のティール化〉

ティール組織（従来の組織とは大きく異なる新たな組織モデル）を公教育へ実装できないか。公教育から大人のエゴを排し、教育本来の目的を取り戻すため、仲間たちとティール的価値観を広めています。

公教育のティール化

ティールとは、フレデリック・ラルー氏が提唱する進化型組織のこと。ラルー氏は、組織運営スタイルを5つの色で表現し、最も進化した組織をティール（青緑色）で表します。(参考『ティール組織』英治出版)

ティール　生命体

子どものハッピーという目的のため、大人のエゴ（見栄、体裁、保身、自己顕示など）を排し、全員が信頼で結び付き、自律的に行動する

グリーン　家族

多様性を重視

オレンジ　機械

成果至上主義

アンバー(琥珀)　軍隊

上意下達・規律を最重要視

レッド　オオカミの群れ

力・恐怖による支配

組織の進化

---

*Watcha：Twitter発、教育関係者向けイベント！　熱い志をもった方々が集い、教育について本気で考える場。誰がどこで開催してもOK！
https://www.watcha-event.com/

*パラレルキャリア：副収入を目的にする「副業」でなく、自己研さんを目的とする「複業」をすることで、教員の仕事をもっと魅力的にする。目の前の子どもたちの瞳に自分たちを魅力的に映すことが大切。

第6章　仕事の意味が変わる！　自分のミッション編

あとがき

　最後まで読んでいただきありがとうございました。最後に、少しだけ「豊かさ」についてお話しさせてください。

　実は昔、僕は事故で命を落としかけたことがあります。その時、ふと気づいたことは「時間は有限」だということです。言い換えるならば、時間とは命そのものなのです。人生の豊かさとは、簡単に言うと、いかに本質的なことに触れている時間が長いか、否かではないでしょうか。これは教師としての生き方であれ、人としての生き方であれ、同じだと思います。

　子どもを成長させるための仕事は極めて本質的なものであり、その時間を生きている時、僕は豊かさを感じます。逆に、子どもの成長にはほとんど関わらない、体裁を整える仕事や成果を生まない作業をしている時は貧しさを感じてしまいます。

　また、家に帰って、わが子と遊んだり、映画を観たり本に読み耽ったりする時間も、極めて人間的で、やはり豊かだと感じます。

　「働き方改革」とは、「生き方改革」のための第一歩なのです。ただ定時に帰ることが目的ではなく、豊かに生きるための手段なのです。

　読者の方が、教師として、そして人として、より豊かな時間を生きることができることを心から願っています。

2020 年 2 月

坂本良晶

●著者紹介

坂本 良晶 (さかもと よしあき)

1983年生まれ。京都府公立小学校教諭。大学卒業後、大手飲食店チェーンに勤務し、兼任店長として全国一位の売上を記録。教員を目指し退職後、通信大学で教員免許を取得。翌年教員採用試験に合格。2017年、子どもを伸ばしつつ、教員の働く時間を減らそうという「教育の生産性改革」に関する発信をTwitterにてスタートし、現在フォロワー数は1万7000人を超える。watcha!や関西教育フォーラム等でスピーカーとして登壇。二児の父。著書に『さる先生の「全部やろうはバカやろう」』(学陽書房)、『「学校現場」を大きく変えろ! MISSION DRIVEN 回転寿司チェーンで売上トップだった転職教師の僕が、ツイッターで学校の「ブラックな働き方」を変えていく話』(主婦と生活社) などがある。

図解でわかる! さる先生の
「全部やろうはバカやろう」実践編

2020年3月18日　初版発行

著　者	坂本 良晶
発行者	佐久間重嘉
発行所	学陽書房

〒102-0072 東京都千代田区飯田橋1-9-3
営業部／TEL03-3261-1111 FAX03-5211-3300
編集部／TEL03-3261-1112
振替　00170-4-84240
http://www.gakuyo.co.jp/

構成・編集／(株) エディット
カバーデザイン／スタジオダンク
本文デザイン・イラスト・DTP／中山 平
印刷・製本／三省堂印刷

ⓒ Yoshiaki Sakamoto 2020, Printed in Japan. ISBN978-4-313-65395-5 C0037
乱丁・落丁本は、送料小社負担にてお取り替えいたします。
JCOPY (出版者著作権管理機構　委託出版物)
本書の無断複製は著作権法上での例外を除き禁じられています。複製される場合は、そのつど事前に出版者著作権管理機構 (TEL03-5244-5088、FAX03-5244-5089 e-mail:info@jcopy.or.jp) の許諾を得てください。

すべてはここから始まった！

四六判・176ページ
定価＝本体1600円＋税

目の前の仕事を全部やってはいけない！
ますます教師の仕事の仕事量が増し、過密化する中で、本当に成果を上げるために「教育の生産性」を上げよう！
一人ひとりの教師が今日からできる仕事の効率化、成果の上げ方がわかる1冊！

自律した学習者を育てる！

A5判・148ページ
定価＝本体1800円＋税

子どもが自分でどんどん学び出す！
学力がみるみる上がる！
宿題で子ども自身が自分の学びのPDCAを回していく「けテぶれ学習法」！
成果が上がり「学年で取り組み始めた！」という学校も多数！
あなたのクラスも始めてみませんか？